예고 없이 칠했던 순간

예고 없이 지웠던 시간

받는 이 ____________________

예고 없던 당신과 나

보내는 이 ____________________

예고 없이

예고 없이

초판 1쇄 인쇄 2018년 3월 14일
초판 1쇄 발행 2018년 3월 21일

지은이 민감성

발행인 장상진
발행처 (주)경향비피
등록번호 제2012-000228호
등록일자 2012년 7월 2일

주소 서울시 영등포구 양평동 2가 37-1번지 동아프라임밸리 507-508호
전화 1644-5613 | **팩스** 02) 304-5613

ISBN 978-89-6952-235-1 03810

· 값은 표지에 있습니다.
· 파본은 구입하신 서점에서 바꿔드립니다.

예고 없이

예고 없던 사람과 예고 있는 사랑을 했다

민감성 지음

경향BP

프롤로그

그렇게 예고 없이

나란 사람은 종이에 묻어난 잉크를 좋아하고 투박한 질감의 종이와 가끔 번져버린 글귀도 좋아해요. 꼭 삶에 묻어 있는 내 모습 같아서요. 책은 담은 만큼 보여주며 생각지 못한 구절에서 우리에게 많은 감정과 감성을 건네주니 말이에요.

오늘 하루 우리의 감정과 감성은 내일의 나를 위하고 어제의 나를 돌아보며 부단한 노력과 열정으로 가득함을 전해요. 우린 서점을 지키는 한 권의 책을 꼭 닮은 것 같아요. 항상 그곳에 있으면서 생각지 못한 순간 누군가에게 위로를 전하기도 하고 자주 행복을 전하며 가끔은 꼭 필요한 존재로 느껴지기도 해요. 세상에 없어서는 안 될 그대의 존재처럼요.

마음이 복잡하거나 혹은 심하게 요동치는 날이면 곧장 서점으로 향해요. 그곳엔 많은 사람들의 다양한 마음들이 있는 것 같아서요.

세상에 나란 사람은 딱 한 명뿐인 것처럼 그댄 누군가에게 너무 소중한 사람이에요. 잠들기 전 머리 곁에 놓아두는 한 권의 책과 같이 말이에요.

민감성

1장 식힘과 데워짐의 기록

2장 이성과 감성의 경계

3장 사람과 사랑의 관계

4장 스침과 스밈의 기억

6장 인연과 연인의 순간

1장

식힘과 데워짐의 기록

뒤늦은 걸음이 전하는 마음의 식힘은 뒤돌아선 지난날의 추억이다.

그대 이름으로 빼곡하게 데워졌던 지난날은 어김없이 오늘날을 적어가는 기록이었다.

마음이란 게

마음이란 게 걸어도 닿을 수 없던 건 그 사람도 이 사랑도 아닐 거야. 수많은 감정을 흘리기도 하고 감정을 담기도 하고, 그렇게 당연한 건 당연하지 않기도 하며 그름이 옳기도 하니 말이야.

마음은 너무도 작고 소박해서 사랑의 '랑'도 사람의 '람'도 결국 'ㅇ, ㅁ'과 같은 미세한 거리의 걸음처럼 서로에게 마음을 빚어가기 나름일 테니까. 조금 부족하지도 너무 과하지도 않은 마음의 접점은 그 누구도 알지 못하니, 슬퍼하지 않았으면 좋겠어.

허기질 때면

추억이란 건 항상 식은 뒤에야 찾게 만드는 것 같아요.

데워진 순간에는 만날 수 없다가 마음이 허기질 때면 유독 찾게 되는, 그런 것 같아요.
따뜻한 기억은 차갑게 식어버린 마음과 추억 속에서 혼란을 겪다가 가끔 착각으로 변하기도 하니까요.

이별에 있어 항상 아픈 건 나라며 식어버린 마음을 전하는 밤입니다.

악보를 그리다

한 문장 곱씹어 겨우 다듬어본 마음인데
괜한 감정의 미지근함이 몰아친다.
한마디 적어가기 어려운 걸 알면서도 그대와 이 악보를 완성하려 해.
곡이 쓰이는 시간들과 노래가 불리는 순간들을 품에 안으며 말야.

새벽까지

● 뒤척임에 다녀간 그대인가요.

○ 잠결에 닿았던 그 숨결이 꿈이라기엔
너무도 생생한 순간이라 오늘 밤도 곤히
잠들지 못하고 하루를 덮지만 잠 못 드는
뒤숭숭한 눈가는 우연이라도 좋네요.

짝사랑

● 얼마큼 아파야

○ 이만큼 기댄 사람이,

그만큼 전한 사랑이

덜 상처 날까.

일방통행

⬢ 우리의 만남에는 왜 그리도 불편한 이유가 많을까?

⬡ 결국, 우리를 감싸는 모든 시간과 공간은
둘만의 것인데 그대가 속삭인 한 문장은 매번 뛰는
이 마음을 또다시 그 마음에 기대게 한다.

마음이 원하는 만큼 원 없이 가자.

모진 말

쏟아내던 모진 말들 속 숨은 마음은 우리의 관계를
밀어내려 애쓴다.

감정의 농도가 적절하지 못했던 걸까?
어제를 함께하던 우리가 내일을 달리할 수 있을까?
먹먹한 기분은 울리지 않은 너의 답장까지 멈추게 했다.
시간이 멈춘 듯 그 순간을 잡으려 애쓴다.
돌아가는 길을 잃은 건지, 이미 너무 많이 걸어온 건지
모진 말들 속 서성이던 걸음을 숨긴 채

그렇게 네가 떠났다.

수많은 의문들

좋은 데 이유가 없다고 말하던 네가
왜 수많은 이유로 내 곁을 떠난 걸까.
내가 좋지 않아서 이유가 필요했던 건 아닐까.
식어버린 사랑이 쉬운 사람을 만들어버린 걸까.
참 어려웠던 온기는 그렇게 금방 식어갔다.

뜨거움은 이미 점차 수많은 의문으로 포장되어
헤어짐의 이유로 붉게 익어갔다.
그렇게 좋다고 말할 수 없이 눈시울만 붉게 익어갔다.

네가 있어야 할 마음에는 이미 불어터진 이유들만
가득했고 사랑은 말라버린 채 휘젓던 젓가락만 짝을
잃은 듯했다.

걸음의 초침

모든 시간 속 돌고 도는 걸음의 초침에는 단 하루도 의미 없는 날은 없을 거야. 품 안에 간직하고 조금씩 담아온 마음은 또다시 말을 건다. 혼자라고 느낄 때면 밤하늘의 공기도 너와 함께 숨을 나누고 창밖의 고요함조차 네게 기대니 외로워할 필요 없다고 말이야.

이 계절은 그대로지만 다가올 풍경엔 그대가 걷고 있을 거라며 작은 속삭임을 전하는 밤이다. 더딘 걸음으로 아픔이 스밀 때면 언젠가 너에게 햇살이 따뜻한 품을 건넬 테니 오늘 밤은 웃으며 잠들라고. 두 귀에 들리는 모든 소리는 잠시 막아도 좋다며 곁을 지키는 밤이야.

잘 자.

밀어낸 건

오늘의 사랑을 미룬 나였다.
내일의 너는 내 곁을 떠났다.
오늘의 나는 너를 잡으려 애썼다.
이미 떠나간 시간은 잡을 수 없었다.

그렇게 애쓰던 순간들은
시간의 소모로 다가왔고
마음의 소모로 식어갔다.

더하기

가끔 이 시간, 이 공간의 그대와 내가 너무 좋아서
지난날의 너까지 질투가 난다.
사람은 과정을 통해 성장한다고 한다.
아픔도 행복도 오늘날의 내가 되기 위해 거쳐야 했던
순간과 시간일지도 모르겠다.

봄 내음이 손짓을 더하고 가을 낙엽은 낭만을 더하며
겨울 눈꽃은 그대와 내가 서 있는 이 거리를 꽃피운다.

또다시 지난날의 그대에게 질투를 느낀다.
괜한 염려가 이 행복에 불안감을 더하지만 내일의 내가
그대 곁에 있으며 앞으로 내가 그대 곁을 지키려 한다.
순간일지 모르는 그대 앞 초라한 내 모습조차 사랑해주길
바라는 욕심을 더한다.

그렇게 사람과 사랑 사이 그대 곁에 내 모습을 더한다.

한없이 걸었다

한참을 씻었고 한동안 울었다.

그렇게 지워질 그댄가, 번져버린 눈물에 흐트러진 그댄가.
아픔을 쓰는 법을 알아서 슬픔을 읽는 법을 잃었다.
마음의 서성임조차 망설임을 배웠다.

하늘이 물든 게 꼭 마음이 아픔을 토해낸 것처럼 보였다.
하루를 기록하는 이 밤이 내일을 돌아보는
그 맘이 되길 바라며 한없이 걸었다.

중요한 계기

일상 공유는 마음의 온도를 식히는 중요한 계기이다.

식힘과 데워짐 속 적당한 위로는 또 다른 시간에 마음에게 건네는 작은 위로가 된다.

이렇게 매 순간 우린 최선을 다하는 마음에게 인사를 건넨다. 그렇게 또 내일을 기다리며 하루를 품은 잦은 다짐을 한다.

서투른 사람

감정의 기복은 너로부터 시작하나 괜한 응어리는 삐뚤어진 그늘을 너에게 전한다. 오늘 한 뼘 커진 코는 착한 거짓말을 핑계로 조금 더 커졌다.
마음의 불편함이 괜한 아쉬움을 전한다.
더욱이 가까이하고 싶은 욕심이었나 싶다.
불편한 진실의 그림자에 모른 척 미안하다.
서두르지 않은 사랑인데 아직 서투른 사람인가 봐.

상영 중

● 한 편의 영화 같은 오늘날과
○ 몇 번을 되감아 본 마음의 지난날이
쉼 없이 수많은 감정들로 그려져요.
다만, 이 영화의 엔딩을 바라는
그대가 웃으며 걷고 있네요.

괜한 투정

큰 행복이 참 쉽다고 느끼는 어제,

작은 미소가 어렵다 느끼는 오늘.

괜스레 웃어볼 내일의 나면서 말야.

유효 기간

사랑에 유효 기간이 있다면
그건 누군가를 기다릴 때부터
누군가를 기다리게 할 때까지일 거야.

익숙하지 않기

● 얼마나 남기고 써야 허기진 이 마음이 가득 찰까요.

○ 언제쯤이면 알다가도 모를 하루의 그을림이 그대
입가에 미소만 남겨줄까요.
어른이 되어가는 게 점점 조심스러운 하루예요.

괜한 투정도 잦은 후회도 이젠 익숙하지 않기를 바라요.

얼음꽃

매번 아프지 말라던 너는 차가운 숨결로 내게
가장 큰 아픔을 안겼다.
그렇게 메마른 시간에 떠난 입술은
가장 좋았던 계절을 등진 채 눈가에 피어난
아름답던 모습만 흘렀다.

그해 봄

그해 봄, 어미가 좋아하는 모란이 피는 시기였다.

마음에 벚꽃이 피었지만 골방에 앉아 글을 쓰던 계절과
돌아온 그해 봄에게 어색한 인사를 나눠볼까.

그해 여름

그해 여름, 수박이 무르익어 입가도 수줍던 시기였다.

달달함으로 달아오른 전화기를 붙잡고도 더운 줄 몰랐던 계절과 돌아온 그해 여름에게 바람을 나눠볼까.

그해 가을

그해 가을, 낙엽의 낭만이 거리를 감싸던 시기였다.

가을은 독서의 계절이라고 여전히 마음을 다독이던 계절과 돌아온 그해 가을에게 낭만을 붓 삼아 마음에 시 한 편 남겨볼까.

그해 겨울

그해 겨울, 눈꽃이 만발했지만 꽃집은 문을 닫던 시기였다.

겨울은 추운 만큼 추억이 많다. 걸어온 발자국을 다시 돌아보던 계절과 돌아온 그해 겨울에게 코끝에 서린 기억을 전해볼까.

*그해 : 말하는 이와 듣는 이가 알고 있거나 말하는 이만 알고 있는 과거의 어느 해.

갈증

갈증이 뒷목까지 차오른다. 누구에게나 꿈이란 도전의 과제가 있다. 그곳에 도달하기 위해 열심히 도움닫기를 한다. 그러나 도움닫기까지뿐, 갈증만 차오른다. 갈증의 해소를 위해 우린 두 발로 뛰어 잡아야 한다. 그러나 대부분 머릿속의 물병만 연신 그려댄다.

이 갈증을 해소할 수 있는 건 꿈이라는 물이다. 머리가 아닌 두 발로 뛰어 꿈을 잡고 벌컥벌컥 마시는 순간도 분명 필요하다.

각박한 세상

만연한 각박함 속에 한 줄기 빛을 찾아서 우린 걷고 또 걷는다.
반복되는 일상 번복되는 삶 속에서 각자의 행복을 찾아서 헤매곤 한다.
번쩍이는 시멘트 바닥에서 오아시스를 찾기란 그리 쉽지가 않다.

어렵다.

이 메마른 땅에서 살아남기가 이토록 어려운지 한 해가 갈수록 뼈저리게 느껴진다.

그래도 이 각박함을 이겨낼 수 있는 가장 큰 이유는 작은 미소들이 모여 큰 웃음이 되고 큰 웃음들이 모여 '아자! 이겨 내자!'라는 힘을 주기 때문이다. 그렇기에 아직 세상은 아름답고 살 만하다고 말할 수 있는 것 같다.

쓰디쓴 열매

이른 새벽녘, 우린 차디찬 이슬을 머금고 걷는다.

조금 더 나은 행복을 찾기 위해 걷는다. 조금 더 나은 미래로 가기 위해 걷는다. 우린 치열한 그곳으로 향한다. 졸린 두 눈을 비비적거리며 몰려오는 피로감과의 사투를 벌여가며 우린 그곳을 향해 나아간다. 걸어가는 이 길에 관해 그 누구도 옳다고 말해주진 않지만 가끔 밀려오는 불평불만 속에서도 우린 그곳을 향해 간다.

잘하고 있다는 최면과 함께 또 하루가 흘러가고 '하루만 더!'라며 이 악물고 버티기도 한다. 그러다 보니 신기하게도 하루가 가고 한 달이 가고 한 해가 흐르곤 한다. 그렇게 어른이 되어가는 것인지, 그렇게 성숙이란 쓰디쓴 열매를 먹게 되는 것인지 모르겠다.

어른이 되어가면서 행복을 찾아 떠난 그 길에서 점점 멀어지고, 다른 곳으로 가고 있는 것 같은 불안감과 초조함이 생기지만 작디작은 한 줄기 빛만으로도 위로가 되고 힘을 얻어간다.

그렇게 걷다 보면 '이 길의 끝엔 웃고 있는 내가 서 있겠지.'라는 마법의 주문을 얻어 그와 함께 걷고 또 걷는다.

혹여

유난히 추운 것도 유달리 더운 것도 걸음에 걸음을 더 해서일 거야.

나 홀로 담아내는 노력의 숨결을 누군가 알아주길 바라진 않지만 그 남겨진 그림자엔 땀방울이 목덜미의 갈증을 적셔주길 바라.

괜히 바라본 창밖은 오늘도 외로운 어둠의 여백으로 채워진다.
다 그런 걸까? 장엄한 배경이 한 부분 공간을 다 채우지 못하니까, 오늘은 그렇게 위로하고 이렇게 내일은 더 짧으려나. 이 열정이 얼마나 가려는지 달빛이 너무도 뜨겁다.

뜨거움을 혹시 안아준다면 혹여 그대라면 좋겠다.

고장 난 시계

⬢ 달빛 아래 별을 찾아 떠났다.

⬡

나침반이 고장 난 건지 방향은 잃어버렸고 질퍽거림 속 두 발만 부어가. 하지만 우린 잘하고 있어. 고장 난 시계도 하루에 두 번은 맞거든.

존재의 유무

● 하늘은 하얀 눈을 뿌리고 사람은 한숨만을 내쉰다.

○ 새하얀 도화지에 어떤 그림을 그릴지 답이란 존재하지 않는다.
그 답은 스스로 온 세상의 새하얀 도화지에 농익은 한 폭의 수채화를 그려 나가려는 마음가짐에서 오지 않을까.

온도차

⬢ 사랑하던 남자는 점점 식어가고

⬡ 무심하던 여자는 점점 뜨거워지고

적당한 온도는 우리를 남겨.

장미

⬢ 아름다운 장미에 가시가 있는 이유를 생각해봤어.

⬡ 장미가 아름다운 건 아픔 속에 자신을 숨기고 있어서일까.
붉게 멍든 마음을 지키기 위해서일까.

바람 빠진 풍선

불편한 이유들로 가득한 두 사람의 거리였다.

감정의 끝자락에서 우린 아찔한 걸음을 걸었고 감성의 시작점에서 멈춰섰다. 장마로 지워진 지난날의 눈물이었다. 간직해온 관계의 감정은 너무도 쉽게 무너져버렸다.

두 사람이 느낀 마음의 거리만큼이나 마음으로 채웠던 오늘은 바람이 빠진 풍선과 같았다.

공복

허기진 열정은 들끓는 것들로 가득했다.

무언가 해야 했지만 무엇도 채워주지 못했다. 알다가도 모를 그 감정은 나를 차갑게 바라보며 때론 뜨겁게 밀어냈다. 미워도 미워할 수 없는 그것에, 품어도 품을 수 없던 그것에 또다시 밀어내고 안아주기를 반복했고 행복과 아픔을 여전히 묻고 물었다.

허기진 그 마음을 기울이기에 충분했다.
한참을 서 있다 한참을 안았다.

그대 냄새

- 되찾기엔 너무 늦은 걸까요.
- 되감기엔 너무 늦은 걸까요.

내 곁에 함께하던 그대 향기도 다 써간다.

물줄기

샤워기를 틀었다.

물줄기가 내 아픔을 씻어줄까.
물줄기가 내 사랑을 적셔줄까.
물줄기는 내 눈물만 덜어낸다.

홀로서기

● 시간이 멈춰 이 공간에 당신과 내가 숨을 나누면 좋겠어.

○ 순간이 멈춰 이 공간에 당신과 내가 품을 더하면 좋겠어.
이 공간이 멈춰 당신과 내가 다시 함께했으면 좋겠어.

그해 시흥

행복한 식탁이 무너졌다. 잘 차려진 행복이 비워졌다.
음식들로 풍성했던 그곳은 비워진 시간들로 가득했다.
기억을 따라 걷다 보니 추억들이 그려졌지만
그 따뜻한 맛이 기억나지 않아 슬펐다.

불편한 진실들은 움츠린 착각만을 남겨버렸다.

그해 부천

● 익숙하지 않았고 부족함이 떠돌던 거리였다.

○ 그 계절을 조심스레 적어보면 불안정한 온도만 가득했지만 아픔이라 그려졌던 화분에 내린 작은 물줄기로 온실 속 화초는 예상하지 못한 꽃을 피웠다.

돌아보니 생각지 못한 감사함에 단비가 내렸다.

그해 강변

지난날을 기록하며 한 권의 책을 썼고, 작은 골방과 두 친구 녀석, 이상과 현실 속 소주 한잔으로 쓰라린 도시의 서러움을 안아줄 수 있는 곳이었다. 부족함이 떠다니던 그해는 이상할 만큼 춥지도 덥지도 않았다. 가끔 찾아오는 미련함조차 미안함으로 안아줄 수 있는 여유가 있었고 그 여유는 마음에 적당한 온기와 적당한 바람을 안겼다.

그 바람과 바람은 여전한 사랑을 전하는 사람을 남겼다.

그해 당진

봄날의 웃음이 만발해버린 그곳은 아픔의 응어리를 씻어내기에 충분했다.
서해대교를 넘으며 현실과 동떨어진 그곳은 오아시스인가 싶었다.
목마르던 시간에 닿는 듯했고 멈췄던 감정이 숨을 쉬는 곳인가 했다.

나에게 아무것도 바라지 않는 하늘이 있는 곳이었다.

그 아름다운 곳에서는 짙은 어둠조차 은은히 바라보는 마음을 되찾아주었다.
그저 말없이 안아주는 풍경과 그저 한없이 기다리는 계절을 사랑하고 있었다.

기록

그만 아파도 좋아.

충분히 눈물로 적셔진 마음이야. 다 알면서 모르는 척 맴도는 너잖아.
편히 삼켜내지 못한 시간에 울컥하는 네 모습이 그려져.
이 모든 걸 아는 나지만 쉽게 놓지 못하는 너인가 봐.

행복하고 싶다는 그 말과 너라는 그늘이 남아서.

2장

이성과 감성의 경계

미묘한 흩날림은 이성과 감성의 경계를 망가트린다.

하늘과 바다가 서로를 마주 보듯 우린 그 경계에서 마음을 공유한다.

존재하기에

● 시선이 신경 쓰여 두리번거리기를 한참 했어.

○ 근데 그거 알아? 그 시선조차 네가 존재하기에
생긴다는 걸.
참 잘했다 말해줄래? 너도 나를 응원해줄래?

또 다른 내일의 우리 모습을 위해 오늘도 참 잘했다며
그 신경 쓰이는 시선들은 결국 너도 나도 응원하는 거야.

감정의 쉼

● 가끔 정리되지 않는 글들조차 감정의 쉼이라 생각돼요.

○ 꼭 앞뒤가 떨어지는 마음이 아니라고 해도 그건 숨
쉬는 거니까.
그렇게 매일을 기록하고 이렇게 매일을 토해내며
한을 되뇝니다.

다독이던 그대를 그대로 다시 보세요.
여전히 열심히 한 그대니까요.

값어치를 더해

재능을 이용하는 것은 좋지만 애쓰는 마음까지 사용하는 것은 옳지 않은 것 같다. 누군가 알아봐주기에 잠 못 드는 마음이 아닐 것이며 누군가 안아주기를 기대는 시간도 아닌 것 같다.

마음이 원하는 그 달빛에 목놓아 울어볼 때면 괜스레 서럽고 외롭다.
가끔 거리에서 느끼는 시선은 잘 걷던 내 걸음을 무겁게 한다.
갈증이 사라질 때면 쉽게 질려버린 무언가 되기 싫기에 조금 더 나아진 모습의 나를 찾아보려 애쓴다. 단 한 사람이 있다면 오늘 밤 이 시간은 충분히 값어치를 더해 한 움큼 심장을 두근거리게 만들 것이다.

괜한 핀잔

가슴을 후비며 뱉는 입김은 마음의 시야를 가린다. 이런 마음의 거리는 돋아나는 아픔을 치유하지 못하며 괜한 핀잔은 치유되지 못한 아픔으로 깊게 베인 상처를 남긴다. 한참을 취한 후에 깨닫는 숨결의 여운은 꼭 달지만은 않더라.

말 한마디에 담긴 그대란 가사가 흥얼거리는 멜로디로 남길 바란다.

꿈

잘할 수 있을까.

잘하고 있는 걸까.

이미 한 걸음 걸었다.

토닥토닥

● 담아온 마음이 어떤 위로를 건넬까.

○ 그대 삶의 기로에 작은 그늘이 된다면
가끔 기대봐. 거친 숨결에 바람을 불어줄게.
이렇게 너와 내가 같은 하늘 아래 서서
같은 곳을 바라보니 말이야.

마음은 그래

⬢ 보이는 것에 익숙해져 정작 잊고 사는 것이 있다.

⬡ 마음과 마음의 통화는 그 순간 바라보며 있는 그대로 안아주는 것이라는 걸.

가끔, 수화기는 내려놓은 채 말없이 곁에 머물며 말야.

말의 무서움

뱉어버린 말도 기록으로 남겨진 말도 아니다. 틀에 짜인 이야기 또한 아니며 모든 걸 품을 듯 둥그스름한 단어나 문장도 아니다. 진짜 무서움은 말의 어투에 묻어난다.

감정의 담금질로 휘어질 생각은 칼집에 숨긴 채 휘두르는 말투는 때론 심장을 관통하며 판단을 마비시킬 만큼의 무서움을 가지고 있다.

우린 말의 무서움을 모른 척한다.

풍기는 냉정함은 시야를 흐릿하게 만들며 닫아버린 마음은 문제의 본질을 벗어나 생각지 못한 방지턱으로 가득한 도로를 달린다.
하염없이 뱉다 보면 수많은 가시들은 어느 순간 아픔으로 드러나길 기다리며 마음에 숨는다.

우린 말의 무서움을 알아야 한다.
부정적인 감정의 담금질로 상하기 일쑤인 듯하니.

청춘의 길목

청춘의 길목을 서성이는 그대야, 꽃잎이 떨어지더라도 한 송이 꽃을 피우려 흘린 눈물이 젊고 아름다운 그대의 계절을 마음속에 담아줄 거야.

청춘이 이 시대의 환절기가 되어 가끔 서운한 온도를 전하지만 천천히 나아가는 걸음이 그대 고민의 무게를 조금이나마 줄여줄 거야.

흔한 들꽃도 추억이 되어 한 장의 사진으로 남잖아.
우리 오늘을 따스하게 하는 만큼 안개꽃의 꽃말처럼
맑은 마음으로 맑은 미소를 가지길 또 기도해.

역시 그대다

여전히 청춘을 끓이며 부어버린 마음을 그대로 마신다.
후회로 밀려오는 파도도 결국 값진 경험을 쌓고
괜한 투정도 돌아보는 바람으로 스미며
오늘의 나를 그린다.
그냥 그렇게 오늘도 어제도 내일도 우린 청춘이고
청춘이길 바라며 청춘으로 기록된다.

가벼움도 무거움도 그 본질은 결국 그대이기에
세상의 중심은 여전히 그대다.

어때요

바닥에 떨어진 꽃잎이면 어때요.
당신이 꽃길만 걷게 해줄 텐데.
길가에 휘날리는 낙엽이면 어때요.
지난날을 추억하는 낭만을 전할 텐데.

아쉬운 건

사람이 아쉬운 걸까요? 사랑이 아쉬운 걸까요?

그렇게 소중하던 사람은 이렇게 소홀해진 사랑으로 남겨져 마음의 이야기만 종종 듣곤 해요. 돌이켜보면 사소함은 사랑이었고, 소박함은 함께한 그 사람이었는지 모르겠어요.

우린 매번 과거에 흐르던 시간을 바라보며 자주 오늘 흐르는 순간을 놓치곤 해요. 사랑은 이토록, 사람은 그토록 놓는 법도 안는 법도 쉽지 않은가 봐요.

몇 문장

어둠이 지는 건 한 줌 빛과 그대 발걸음인가 했다.

시인이 읊어본 시간과 시절이 안았던 순간은 은은한 향과 여운으로 어두운 이 밤에 그대와 나를 수놓기에 충분했다. 단어 몇 개를 나열하여 당신을 어루만졌고, 몇 문장으로 근사한 밤을 나눴다.

지난날

지난날의 우린 웃는 법을 알았다. 아니 우는 법보다
웃는 법에 익숙했다.
별거 아닌 일에도 함박눈처럼 해맑은 웃음을 지었다.
다만, 날이 갈수록 웃는 법에 익숙하지 못해지는 것 같다.
가끔 기울이는 소주 한잔은 쓴웃음으로 과거에 치우친
행복을 되풀이하는 듯하다.

생각 없이 웃는 게 참 필요한 요즘인가 싶다.

데자뷔

너무 익숙한 느낌에 놀라서 현실에서 자주 돌아서지만,
아니겠지.

타협하는 내 모습이 낯설게 느껴진다. 혹시 내가 품고 있던 마음은 아닐까. 자주 네가 말하던 것은 아닐까. 그렇게 꿈속 상상처럼 펼쳐진 내 모습은 줄곧 당신을 향해 걸었고, 적당한 놀라움과 수줍은 행복함과 약간의 애잔함과 함께 당신의 품속에서 모른 척 잠이 들 거야.

놓았던 이 손이 꿈이라면 다시 잡은 그 손은 일어날 나의 데자뷔 같은 마음이었나 싶어 자꾸 뒤척이는 밤이다.

고개

여전히 괜찮다고 했지만
지금껏 잘했다고 하지만
한없이 웃고 있던 나지만
말없이 고개 숙인 미소야.

일탈

두려움에 내팽개친 것들은 또 다른 두려움으로 살찌우는 독 오른 눈빛과 같았다.

지나친 기대는 기대어 쓰러지는 도미노와 같아서 몰아치는 악행 속에 한끝 선행만을 또다시 모른 척 밀어내는 후회의 시간들을 겨우 움켜쥐었다.

잦은 일탈에 찾아오는 감성은 돌아가는 길을 잃게 하기에 충분하였고 허덕임은 애꿎은 감정만을 잊게 했다.

정작

우린 밤하늘의 달과 노을로 물든 하늘과 어둠 속 은은히 수놓인 별과 자연이 그린 푸른 산을 보며 아름답고 소중하다고 생각해요.

하지만 어둠을 밝히고 세상을 물들게 하고 포근함으로 누군가의 마음에 추억을 전하며 밝은 미소로 행복을 그리는 아름답고 소중한 존재는 정작 그대예요.

경계

⬢ 감정의 지평선에서 우린 경계와 마주한다.

⬡

그 미묘한 길목에서 걷기도 하고 뛰기도 하며 멈추어 쉬기도 한다.
감성의 파도가 밀려오는 새벽녘이면 물든 노을만큼 타들어가는 향초에 의지한 채 잃어가는 기억을 추억하기도 하고, 음악에 경계를 흩트린 채 마음을 기대며 시야에 들어오는 풍경에 나의 감정선을 대입해 예술적 표현을 남발하기도 한다.

우린 경계와 마주 서 그 감정의 경계를 나누곤 한다.

몽롱한 새벽녘

● 새벽에 깨어 무언가에 몰두해.

○ 불면증인가 묻기도 해.

하지만 무언가의 끌림에 이끌려 온
지극히 개인적인 이 공간에서
한 모금에 태워 보내곤 해.

밤이 가기 전.
아침이 오기 전.
몽롱한 새벽녘.

난, 이 시간이 제일 좋더라.

기도

⬢ 예고 없이 모든 일이 찾아온다고 하잖아요.

⬡ 당신의 기도가 예고 없이 찾아오면 좋겠어요.

하염없이

하염없이 하늘만 바라보는 이 시간에 꼭 널 닮은 어둠 속 저 달이 날 보며 웃는 것 같아 밀려드는 초라함도 너라는 포근함에 쉽사리 녹아난다.

이 순간 그대 귓가에 고맙다 미소 지어 행복을 표한다.
별빛이 꼭 수고한 그대 그림자를 안아주길 바라.

너와 내가 걷기 시작한 뒤로 작은 어둠도 고맙게 느껴져.
꽃길만 걷자는 말 대신 너라는 꽃이 숨 쉴 수 있는 화분이 되겠다는 말을 전해.

눈물도 아픔의 빗물도 아닌, 얼었던 그대를 녹이는 기쁨을 줄게. 기쁨에 자라는 두 사람의 모습처럼 우리 모두 웃자.

어머니

왜 이리도 세상은 새삼 추울까요.

왜 항상 피곤해 잠든 당신의 뒤척임과 끙끙거리는 숨소리를 알지 못했을까요. 당신 입가에 피어나는 미소가 너무도 행복한 나인데 늘어나는 주름이 이 못난 아들의 가슴 한편에 구름을 몰고 옵니다.

매번 입가에 사랑을 머금고 전하던 당신의 숨결이 그리운 밤입니다.

시작과 끝

모든 일의 처음은 힘든 것 같다.
또한 가장 두려운 건 익숙함인 것 같다.
익숙함 속에서 마주하는 시작은
아문 마음에 또 다른 상처를 남긴다.

안겨진 건

감정에 솔직하지 못한 채 밀려오는 감성에만
솔직하고 말았다.
그저 그렇게 안아보고 놓아보고 하였다.
괜한 것들에 밀리는 사람은 어둠에게 밀려나 마음 깊이
안겨진 이별처럼 그저 안아야 할 사랑이었다.

다른 세계

아쉬운 사람은 떠오르는 생각이 많지만 잃을 게 없는 사람은 답이 없다.

떠오르는 햇살은 당연히 아침과 조우하지만 잠 못 드는 이 밤은 왜 그리 생각에 잠겨 어둠 속을 홀로 떠다니는 것인지 알다가도 모르겠다.

다른 세계를 살아가는 한 사람의 세계는 또 다른 세계를 그려간다.

작은 불씨

작은 꽃망울이었던 그대와 내가 다가오는 봄날에 꽃을 피울 수 있을지 그려보았어.

휘날리는 바람에 흔들리는 나날들이었어.
그댄 이미 내 마음 한구석에 스미는 바람이 되었어.

혹시 파도가 나를 몰아쳐도 그댄 내게 모래와 같았어.
우리 조금씩 쌓아온 소중한 시간이 이젠 버릴 수 없는 추억이 되었지.
그대 곁 아련한 기억이 될까 무서워 작은 용기를 내어 말해봐. 사실 큰 용기를 더해 글을 써. 작은 불씨를 살리는 건 용기 낸 숨결이라 하더라. 그렇게 더딤의 연속이던 우리지만 이젠 그대 곁에서 디딤을 해보려 해. 혹여 나의 마음을 알아준다면 그대 마음에 내 작은 소망을 더해보려 해.

그렇게 한마음이 되길 바라며 바라본 그곳에 그대가 있길 기도해.

배우

가끔 스크린 속 배우들을 보며 괜히 감정 노동을 하게 만든다는 사람들이 있다.

옳다. 옳지 못하다 말할 수 없지만 나는 그 표현에 동의하고 싶지 않다.
배우는 연기를 통해 삶의 일부분 접하지 못하는 감정을 전한다.

그렇게 자신도 배워가며 스크린 너머 우리의 마음을 안아주는 중요한 시간을 선물한다. 각박한 세상에 피어난 우리라는 꽃을 마주하며 불안정한 감정 속의 감성을 이끌어주는 소중한 사람들이다.
그렇기에 손짓 하나도, 그들이 흘리는 눈물조차도 쉽사리 생각하지 않았으면 좋겠다. 배우들의 숨소리조차도 응원한다. 내가 만난 수많은 배우들은 혹여 그대에게 힘이 될까 그 작은 숨결조차 고민하더라.

민감성

⬢ 오늘 밤도 당신의 생각이 흩날려서
⬡ 가득 찬 이 행성 곳곳 마음을 새겨요.
유난히 밝은 달과 웃는 당신을 생각하며 맴도는 나예요.

믿음

믿음의 경계가 무너지기 시작했다.

미워진 순간엔 믿었던 시간을 멀리했다.
그렇게 수없이 식었다 데워졌다 했다.
변한 건 단지 마음이었다.
변하지 않은 것 또한 마음이었다.

밥상

화려한 명함과 번쩍이던 네온사인을 좋아하던 나인데 계절이 더해갈수록 작고 투박한 어미의 밥상을 점점 그리워한다.

그렇게 철없던 내가 변하는 걸까, 불현듯 밀려올 내일이 두려운 걸까.
그저 내 입맛을 맞추기에 바쁜 즉석요리들에게 투정을 부린다.

가끔은 투박한 그 식탁이 그립다.

버릇

고독은 외로움이 아닌 것 같다.

덧붙이는 마음의 살도 아니고 지워진 삶을 채우는
것도 아닌 듯하다.
내 모습 속 나를 찾는 중요한 과정이다. 그렇게 가끔
고독을 즐긴다.
시각의 편안함을 느끼고 후각의 익숙함을 믿으며
청각의 예민함도 자주 즐겼다.

다만, 고독을 외로움으로 느낀다면 나를 조금 더
안아주는 버릇을 가져야 할 것 같다.

기준

⬢ 익숙함에 묶인 걸음은 내일의 더딤을 불러와.

⬡ 모든 일엔 시기가 있잖아. 행복의 기준은 그대야.

오른손 들고 걷는 법

하루는 마주하는 횡단보도에서 시작된다.

우린 어느 순간부터 오른손 들고 걷는 법을 잊고 산다. 지하철에 몸을 싣고 음악이 전하는 약간의 향수에 피곤함을 나누며 지그시 두 눈을 감고 어린 시절을 생각해본다.

어릴 적 우린 오른손을 들고 걷는 법을 배웠다.

빨간 등이 초록 등으로 변하고 나면 고개를 좌우로 돌려 살핀 후 하늘에 닿을 듯 번쩍 오른손을 들고 횡단보도를 건너곤 했다.

그렇게 오른손 들고 걷는 법을 알던 우린 어른이 되어갈수록 너무도 바쁜 일상에 주변을 살피는 법은 잊은 채 직진하기에도 바쁜 하루를 마감하느라 정신이 없다.

또한 자주 바라봤던 하늘도 보지 않은 채 땅만 마주하고 오늘 날씨 참 좋다며 가끔 눈가를 찡그리다 그것이 우스운지 찡긋 웃던 여유조차 잃어버렸다.

옳지 않은 행동이나 의견에 오른손을 번쩍 들고 생각을 말하던 용감함도 잃은 채 눈치만 보기에 여념 없는 하루를 보낸다.

참, 어린 시절 배웠던 오른손 들고 걷는 법은 어른이 되어가는 삶에 있어 꼭 알아야 할 중요한 습관이란 걸 새삼 깨닫는다.

검정 봉지

● 두 손 가득했던 퇴근길 아버지의 검정 봉지.

○ 아버지가 담고 싶었던 건 당신의 고단함도 힘겨움도 아닌 그저 웃고 있는 그대들의 행복이다.

바라는 대로

꼭 생겼으면 하는 길이 있어.

많은 사람들이 함께 걷고 싶어 하는 그 길.
다들 걷고 나면 행복함에 미소 짓는 그런 길.

밤 편지

서툰 감정에 하루를 묻다가 이 밤에 마음을 묻어요.

시야에 담긴 하루 끝자락에 몇 글자를 남기며 마음에게 물어요.
잘하고 있는 걸까? 잘되고 있는 걸까? 불안정한 청춘의 길목에 우린 끊임없이 물으며 아픔은 묻어요. 무얼 적어볼까. 가득 찬 마음을 남기려 하지만 알 수 없는 이 감정에 알 것 같은 이 감성이 적절히 서로에게 녹아나요.
별님에게 물어도 달님에게 물어도 밝지만은 않은 이상한 기류가 흘러요.

묻어온 아픔에게 작은 위로의 밤 편지를 남겨요.

3장

사람과 사랑의 관계

우린 사람을 통해 사랑을 배우며 자주 사람을 통해 사랑을 한다.

그렇게 관계의 정의는 단순히 말해 사람과 사랑으로 완성된 한 편의 영화와 같다.

두근거림

존재 자체가 설레는 사람이 있다는 건 약간의 긴장과 약간의 흥분을 더한다. 수많은 걸음 중 그 사람의 걸음만 따라가는 바보 같은 행동을 하며 비가 오는 날에는 우산이 되어주고, 햇살이 드는 날에는 그늘이 되어준다.
계절의 공기가 한층 더 두터워지는 날이면 사랑한다는, 언어로 표현할 수 있는 최고의 감정을 전하고 다정한 몸짓과 수줍은 입술을 전한다.

그렇게 너에게 가는 길은 세상을 아름답게 만들었다.

물음

시간의 길목을 걷다가 흘러간 그대와 기억에 출렁이는 감성은 파도를 몰아쳤고 쌓인 감정은 흐르던 마음을 그 자리, 그곳에 남겨두었다.

아픔에 휘젓던 고개는 멈춰 선 그날을 바라봤고, 바라던 그날의 그대와 내가 숙이듯 마주한 그 시간은 담담히 그 공간을 외면했다.

그렇게 다녀온 길목에서 막다른 너에 대한 시간은 돌아가는 마음에 무거운 발걸음만 남겼다. 서로가 아쉬운 숨결을 토하며 유난히 차가운 배경을 뒤로했다.

나의 목소리에 묻어나는 그대가 보고 싶다

얼룩은 잘 지워지지 않지만 그대란 흔적은 너무도 쉽게 일상을 더하며 사라져갔다. 그렇게 특별한 하루는 평범이란 그늘 아래 쉼 없는 일상들로 나의 기억들을 흩날리게 한다. 뚜렷함은 사라지고 기억의 파편들은 그 잔상만이 남아 보이지 않는 피사체에 그리움을 더한다.

줄곧 부르던 평범한 이름에서도 특별한 추억이 묻어난다. 그렇게 내 목소리에 묻어나는 그대가 보고 싶다.

사라지는 흔적들이 기억 속을 맴돌며 완성하지 못하는 퍼즐처럼 또 하루 그대를 앗아간다.

사라지는 추억들이 아쉽다. 말하지 못하는 것 또한 지난날의 감정인가 묻고 또 묻는다. 질문이 늘어날수록 모른 척 쳐다본다.
바람은 맑은 하늘에 말라가고 가끔 내리는 비조차도 바람 타고 저 멀리 떠나간다. 그렇게 나의 목소리는 답이 없고 그대 향기만 남았다. 눈시울이 붉어지는 건 그저 기억의 아련함뿐인 듯하다.

그렇게 사랑을 배워간다.

이렇게 사람을 비워간다.

슬픔을 묻는 법을 잃었다

보고 싶다 말하고 사랑한다 답했다.

비 내리는 오후, 이별의 단비로 적셨다.
아픔이 씻기지 않은 하루에 비친 마음이었다.
그렇게 보고 싶다 말했다.
사랑한다 답하는 하루인가 했다.
그저 그리움이 그려낸 파도인 걸 모른 채.

슬픔을 잊어버리는 법을 몰라서 바보처럼 한참을 웃었다.

여전한 봄이다

바람이 불어온다. 그대도 걸어온다.

내게 온 모든 것들은 어제와 다르고 내일과 다르다.
틀림이 아닌 다른 것임을 배워가며 기억들은 추억들과
두 손을 맞잡는다.

유난히 추웠던 겨울도 눈꽃들로 풍경을 적시고
유달리 쌀쌀했던 가을도 낙엽 소리로 귓가에 낭만을
속삭인다.
그렇게 닮아가는 시간과 이렇게 익숙해진 순간의
경계에 서서 우린 서로를 바라본다.
사랑을 하고 사랑을 한다.

그대 곁 내 모습은 여전히 기댈 봄이다.

이유

● 내가 늦은 밤 잠 못 드는 이유가 너라면
○ 네가 일찍 깨는 이유가 나라면 좋겠다.

그렇게 좋은 건 신경 쓰이는 거야.

비중

우린 누군가의 삶에 있어 비중 있는 한 부분을 책임지며 사는 것 같다.

그만큼 그대란 존재는 중요하다는 뜻이고,
그대를 곁에 두는 감사함에
오늘의 걸음을 멈추면 안 되는 이유이기도 하다.

내일 그대를 만나기 위해 걷는 누군가처럼 말이다.
나의 이러한 근거 없는 논리를 유심히 둘러보면 그 중심엔 그대가 있고 그대 곁 누군가가 있고 누군가의 곁엔 결국 그대가 있을지도 모른다는 생각이 든다. 삶의 한 부분에서 그대의 삶이든 누군가의 삶이든 비중 있는 행복으로 채워주는 그대가 되길 바란다.

미소만큼

누군가는 '사랑'이 피어났다고 하지만
그대는 나란 '사람'을 꽃 피웠다.

닮아간다

⬢ 수줍은 당신에게 눈인사를 건네요.
⬡ 마주침에 웃고 있는 그댈 발견하네요.
그렇게 한참을 웃고 있네요.
사랑하는 그대와 그대 눈동자 속
내가 마주한 채 말이에요.

멍든 곳

우연인지 멈칫하던 그 시선이 신경 쓰여 안부를
묻다 보니 흩날린 추억이 불어온다.
뒷모습의 여운만큼 흩어진 기억이 흩날린다.
그날의 행복도 아픔도 결국 오늘날 남이 되어
흐릿해진 그대와의 지난날을 떠올리게 한다.

호흡

나의 사랑 그대야, 그대로 그렇게 기댈래.
밀려오는 호흡을 내 곁에서 조금씩, 천천히 뱉어도 좋아.
그냥 그렇게 가끔 나에게 기대.

너에게만은 온전한 사랑을 가진 너의 사람이니까.

익숙함조차

두 사람의 온도가 비슷해서 가끔 불어오는 낯섦과
익숙함조차 이해하고 안아본다.

내가 건네는 손수건이 부담스럽진 않을까,
무심코 넘겼던 그대 숨소리가 나를 미워하진 않을까,
그대가 서운해하진 않을까 말이야.
적정한 온도가 괜스레 두렵다.

다만 두려움까지 안을 수 있는 건 그대란 사랑이고,
그대란 사람뿐이니까 그렇게 그대에게 나를 더하며
그대 아픔은 내가 안아봐.
나의 아픔은 그대 미소로 녹으니까 사랑의 한 부분을
이렇게 배우는 지금, 우리를 기록해본다.

그렇게 기울고 기대다 또다시 울었다

⬢ 또다시 애쓴 너에게 또 한 번 기댄 나였다.
⬡ 그렇게 기울고 기대다 울었다.

언제부터였을까, 이미 너무 닮아버린 너와 내가
첫 만남처럼 서로에게 끌리지 못하는 걸까.
이미 닮아버린 마음의 자석들은 서로의
익숙함에 밀려나 기어코 돌아보지 못하고
덩그러니 나만 남겨두었다.

치유의 목적

치유의 목적으로 시작한 사랑은 또 다른 상처를 내고
덧나버린 시간을 남긴다. 사랑은 이토록 사람과 닮았다.

이해

일방적인 사랑은 때로 무너진 마음을 건너게 한다.

일방통행으로 돌아갈 수 없는 감정의 도로를 달린다.
사랑은 수많은 감정의 실타래로 얽혀 있어서 한번
꼬이면 풀기 어렵다.
그러기에 그대 앞 마음을 바라보며 이해로 사랑해라.
작은 충돌로 눈앞의 사랑하는 그녀가 그대 곁으로
돌아오는 길을 잃어버리지 않도록.

자양분

하늘이 흘린 눈물은 가끔 사람들의 아픔을 씻어주기도 해.

그렇게 사람과 사랑 사이에 흩날리던 시간들이 창가에 새벽이슬로 지난날을 적셔보기도 해. 상처 받은 시간들이 때론 그대 오늘날을 덧나지 않게 하나 봐. 그대 지난날의 사랑도 오늘날의 사람도 분명히 다르겠지만 그 존재의 가치는 더욱 소중해. 함께하는 모든 시간이 사랑받기에 사랑 주기에 그대 삶에 있어 충분한 자양분이 될 거야.

듬직하게

⬢ 수심 깊은 바다가 두려워요.

⬡ 그러니 그댄 나에게 빠져요.
두려움 속 그댈 지켜줄 테니.

사람 사랑

너란 착각은
나의 기대를 만든다.
그렇게 흠뻑 물든
사랑은 무르익어갔다.

사랑을 했다

나라는 온전한 감성에 너라는 완전한 감정을 더했다.

그렇게 여전히 사랑을 했다.

산책

함께 거닐던 거리의 단풍이 물든 게 꼭 그대 입술 같아서 나도 모르게 또다시 설렘을 보았어. 누군가는 쓸쓸함에 휘날리는 낙엽이라지만 농익은 시간이 우리를 닮아가는 것 같아.
이 계절에 낭만을 더한 그 계절이 돌고 돌아 또다시 우리 품에 안긴다.

그렇게 서로 물들어가는 우리 같아서 당신 곁을 산책하는 기분이 들어.

꽃

사랑이 피어나려면 사람이 필요해요.
그 사랑도 그 사람도 나라면 좋겠어요.
그대라는 화분에 나라는 꽃이 안길 테니.

사랑이란 감정일까

가끔 찾아오는 불안함에 한참을 울먹이다 가끔 떠날 듯
낯선 네 모습에 상처 받기 싫어서 너의 손을 잡았어.
근데 여전히 따뜻하더라. 오늘따라 더욱 따뜻해서
품에 기대 한참을 울었어.

이게 사랑이란 감정일까?

품

오늘도 여전히
내일도 우연히
그렇게 한없이

그대 품에 안기고 싶다.

좋을수록

뭐가 불안한 걸까. 불안할 게 없는데 혹시나 뒤척일 그대의 모습이 걱정인 걸까. 나도 모르게 그대를 너무 좋아하는 마음에 잠 못 들어 뒤척이는 나일까. 왜 행복은 더할수록 커지는 걸까. 왜 다툼은 나눌수록 더 아픈 것일까. 많은 의문 중 답은 결국 그댈 좋아하는 나인가 싶다.

한 권의 책

짧은 단어 속에 숨은 나의 수줍음과 적당한 문장 속에서 속삭이는 너의 설렘은 우리라는 문장으로 추억이란 이야기를 담아간다.

머리말 한 권의 소중한 책처럼 그렇게 서로 곁 그대와 내가 있다.

예고 편

예고 없이 떠나며 서성이던 사람에게 네 사람인가
묻습니다.
예고 없이 찾아와 머뭇거리던 사랑에게 내 사람인가
묻습니다.
묻고 묻고 되묻다 보니 예고 있던 당신이네요.

존중

사랑이란 게 나에게 그대를 끼워 넣는 것이 아니라 그대를 그대답게, 나를 나답게 바라보며 서로 안고 품어주는 일이 아닐까 싶다.

나란히 마음을 장식하는 아름다운 두 액자로서 말이야.

과정

무슨 이유인지 몰라도

좋아해, 그리고 사랑해.

그렇게 좋아함을 통해 그댈 더 사랑함을 배웠다.

그대의 것

보이지 않아도 보고 싶은 것.
내색하지 않아도 품에 있는 것.
부족하지 않아도 끊임없이 주는 것.
이미 모든 것에 속하는 내 마음.

언어

사랑이란 언어는 누구도 알아듣지 못하는 둘만의
약속을 가지고 있다.
그대와 나만의 공간에서 숨이 오가는 그런 것 같다.

꼭

한 송이 꽃을 피우려 한참을 흘렸을 당신 마음을
안아본다.
아름답게 필, 꽃을 닮은 당신을 꼭 안아본다.

네 생각

해가 뜨면 너를 밝혀주겠지.
밤이 오면 네가 밀려오겠지.
네가 울면 내가 안아주겠지.

시기

오늘의 사랑을 내일로 미루다 보면
내일의 사람은 오늘 네 곁을 떠나.

와이파이

위로는 누군가의 아픔을 치료하는 것이

아닌 누군가의 슬픔을 공유하는 것.

감사

감정의 복습은 여전히 행복을 전하며 사랑의 예습은
사람과 사랑 사이 배움의 시간을 준다.

그렇게 얻은 것들에 작은 감사를 전한다.

그릇

그릇의 아름다움은 크기로 결정되는 게 아니래. 어떤 마음을 가지고 빛느냐에 따라 그 쓰임과 가치가 빛난다고 하더라. 그래서 그런지 아름다운 그대를 보면 참 마음도 예쁜 것 같아.

무게감

● 새삼 널 사랑하는 나도 세상에서 나만 보는 너도

○ 중력을 이겨낸 무게감으로 서로에게 기대는 것 같아.

노력

사랑에도 부지런함이 필요하다.
어느 순간 그 사람에게 있어
부질없는 사람이 되지 않으려면.

관계

우린 많은 관계 속에 살아가요.

관계 속에서 밀려난 우린 감정의 방황을 겪어요.
거리의 수많은 연들을 잡았다 놓았다 하며 말이에요.
마음의 모든 날을 다 꺼내어볼 수는 없지만
진솔한 마음의 공유는 가끔 먼발치 그대를 안아요.

그렇게, 우린 웃어요.

4장

스침과 스밈의 기억

스친 것들과 스민 것들은 기억으로 분류되며
더해진 마음에 추억으로 깃들어 아쉬운 것도 만족한 것도
결국 그대 걸음에 이유를 더한다.

틀

하루에도 수많은 틀을 만나고 그 틀 속에 살아가는 우리다.

그렇게 틀을 향해 걸으며 그 틀과 스침에 때론 답답함을 때론 아쉬움을 느낀다.

사회의 구성원으로 살아가는 우리는 줄곧 일탈이란 단어를 즐기며 세상 밖으로 나가자 외친다. 모든 이야기에는 시작과 끝이 있지만 우리의 삶은 끝이라 말할 수 없이 더욱 짙어지는 시간에 점점 더 행복이 피어난 정거장을 향한다.

그렇게 같은 공간을 지나고 달린다. 문득 다가오는 그 무더진 일상에서 틀 속에 서 있는 나를 발견하는데, 평범함에 묻힌 내 모습을 멍하니 바라볼 때면 괜스레 떠나고 싶은 충동이 마음의 온도를 쌀쌀하게 한다.

묵은 때는 벗겨내면 그만이지만 마음의 체중은 그저 쉼 없이 걸어온 그대의 걸음에 무게만 더하니 말이다. 다만 스치는 모든 것이 결국 나에게 조금 더 단단한 시선을 건네지 않을까 생각이 드는 하루다.

언젠가 틀 속의 내가 아닌, 그 틀을 바라보며 해맑게 웃는 우리를 담고, 어떤 바람에도 흔들리지 않을 견딤을 담으며 또 다른 하루가 시작될 그곳을 뒤로한 채 다음 역에 내린다.

속삭임

미소가 사라진 그 시간 그 공간에 덩그러니 남겨진 이 마음이라 멀어져가는 당신을 바라볼 수밖에 없음이 너무도 야속했다.
떠난 줄 알았던 혼자의 시간은 또다시 엄습했고 마치 그대가 다녀가지 않은 것처럼 모든 일상은 처음으로 돌아가는 것 같았다.

생각지 못한 곳에서 그대의 작은 숨결을 느낄 수 있었다. 함께하던 사소한 것들에 피부를 스친 그대를 그리워하였다. 다독이던 마음은 우연히 맡은 향기에 노곤함을 느끼며 햇살이 유난히 그리운 날이라 속삭인다.

여운이 불어오는 날이면

많은 생각에 잠겨 오후의 나른함조차 멀리하는 날이 가끔 온다.
여운이 불어오는 날이면 보이지 않던 것들이 흩날리며 마음의 울타리는 초원을 뛰노는 어린 양처럼 저 멀리 언덕을 바라본다.

사랑에 관한 여운은 가끔 대상의 여부를 떠나 상상의 우주여행을 떠나곤 한다. 수많은 별들 사이를 헤엄치며 지구를 벗 삼아 다른 세상과 마주한다. 잔잔한 강가에 던진 작은 돌멩이는 그렇게 마음의 틈을 비집고 순식간에 몰려오는 파장과 같다.

여운이 불어오는 날이면 창가에 서서 보이지 않는 그곳을 꿀꺽 삼킨 채 갈증 나는 마음을 괜한 숨결로 달랜다.

사랑이란 존재는 가끔 이 여운에 섞여 밀려오기도 하는 것 같다.

저 멀리

저 멀리 기억이 다가온다.

흩날리던 나는 너라는 먼지 한 줌에 쉽사리 뒤섞여버리곤 한다.
그렇게 나는 너로 인해 이리도 쉽게 흔들리는 가을날의 낙엽도, 갈대도 되어간다. 그렇게 스미는 시간이 짙어질수록 너라는 피사체를 떠나오니 텅 빈 그림 속 외로움만 가득하더라. 그렇게 오늘 그날의 추억에 서성이던 마음을 저 멀리 불어본다.

놓는 법

행복하다 말했지만 서늘한 눈길은 우릴 놓았다.

돌아가는 길을 잃고 난 뒤 한참을 걷는 동안 말 없던 그대였다. 한없이 물었지만 떠나간 그대였다.
그렇게 각자의 삶에 서로를 더해가던 우리는 서로의 행복에 우리를 나눴다. 묻고 싶은 한 가지가 있었다.
우리라는 풍경에 너의 손을 잡는 법은 알았지만 네가 없는 이 계절에 그댈 놓는 법은 모르니 그 방법이 무엇인지.

놓았기에

너에겐 봄이 피었고 나에겐 겨울이 움츠렸어.

완성되지 못해 닫아버린 너에 대한 이야기로 지난날을 되뇌었고 한참을 내렸던 마음의 날씨는 눈가를 적셔왔어.
멀어져가는 계절의 풍경은 그때 그대로 멈추었어.
가을 낙엽만 소리 내며 울어. 그리움만 흩날리나 봐.
지금의 네가 아닌 그때의 내 모습만 말이야.

그렇게 변한 건 계절과 네 모습만이 아닐 거야.
마음이 먼저 너를 놓았기에.

소모

쉽사리 잃어버린 마음의 온도는 지나친 감정의 소모로 인해 때론 흔적 없이 잊히기도 한다. 우린 가지는 것보다 지키는 것이 더 어려운 것이라는 걸 그렇게 사랑을 잃어가며 마음을 잊어가며 배운다.

바보같이

스스로 바보가 되어 설명할 시간도 없이 또다시 바보가 되었다.

불안하면 울어버릴 걸 애써 참았다. 행복하면 웃어버릴 걸 애써 아꼈다.
애써 찾은 기억들에 한참을 웃고 울다, 그렇게 바보같이 꿈에 안긴다.

익숙한 후회

친절함의 한도는 불친절한 언행에서 자주 한도를
초과한다.

적립해갈 마음의 그릇이 반드시 돌려받기 위함만은
아니라는 것을.

무더위만큼 익어가는 마지막 종착역에 섰다.
막차만큼 두려운 건 익숙한 후회이다.

한가득

그대가 몰아치는 바람에 그대의 기억들로 마음이
한가득 쌓여갑니다.

그렇게 남겨진 자국들을 함께 걸을 수 있을까요.
그대 한편에 내 모습을 남기며 말이에요.

스친 계절에 스민 바람이라서

스쳐가는 계절의 손짓에도 멈추지 않고 걷던 내가 스미는 그대 작은 숨결에 한동안 그 자리에 서서 그댈 바라보네요. 그댈 바라는 건지.

길목에서

말없이 걷던 길목에 비친 따스한 햇살에 그을린 마음은 한동안 멍하니 고개를 돌렸다. 생각지 못한 곳에 남겨진 소박한 걸음은 그곳을 맴돌아 사라진 뒤였다. 무엇에 적셔진 것인지 묵묵히 나아가던 기준도 사라진 뒤였다.

바다와 하늘의 경계가 무너진 것일까, 무뎌진 것일까.

그렇게 돌아서 한참을 맴돌며 깊이 파인 그곳은 바다가 되었다. 흘러온 시간에 흘러간 마음은 하늘과 닿았다.

느낀 점

사랑이란 감정의 소모가 이토록 기분과 생각을 좌우할 줄은 몰랐다. 농익은 감이 달콤한 순간을 참지 못하고 세상을 향해 떨어지는 그 느낌과 같았다.

숨

그댄 내가 한숨이었지만
난 그대의 숨결이길 바랐어.
공기 중 뱉어버린 그날의 '좋아해'처럼
'사랑해'로 돌아온 너의 이름만큼이나.

먼발치에서

귓가를 적시는 빗소리가
꼭 이 맘에 울리는 당신 같아.
쏟아지는 모든 핑계들에
하늘은 가끔씩 슬픔에 빠져.
여전히 그대 기억 속에 살고 있나 봐.

어미

어미는 한참을 물었다.

무너진 하늘에 밀려온 어둠은 은은한 빛조차 삼키며 눈가에는 새벽이슬만 적셨다. 의지할 것 없이 한참을 걷고 걸었다.

아픔으로 물든 세상에 웃음으로 보내는 나날들이 조금씩 찾아왔다. 지난날을 돌아보면 어떻게 살아왔을까 아득하다. 도시에 남겨져 새하얀 눈꽃으로 지난날의 슬픔을 조금씩 지워갔다.

남몰래 발자국을 남기며 간직했다. 그렇게 쓸어내린 가슴은 가끔 너무 시큰했다. 어미의 머리에는 이미 많은 눈이 내렸고 또다시 세월이 흘러 봄이 오는 듯했다. 지난날의 기억에 한참을 울며 바라본 저 높은 언덕에는 소박한 꽃이 피어났다.

비로소 어미의 입가에도 수줍은 미소가 피었다.

마음

이미 많은 것들을 잃고 나서야
우린 소중함을 깨닫는다.
작고 사소한 그것은 스펀지와 같아서
때론 아무렇지 않은 척하지만
어느 순간 머금었던 감정앓이는
숨결을 토해내며 한구석을 닳게 한다.

나날들

당신과 나의 모든 날은 완벽했어요.

봄이 피었고 시원한 여름과 가을의 낭만을 보냈고 겨울 거리는 이미 추억들로 가득했어요. 불현듯 이별을 고한 그대에게 아무 말도 할 수 없었어요.
나를 사랑하던 그대이기에 이별의 이유를 묻지 않았어요.

그렇게 계절을 잃고 난 뒤에 알았어요. 완벽했던 나날들에 당신이 아닌 나라는 기준으로 행복이 피었다는 것을.
조금 더 빨리 알았다면 당신의 입가와 당신의 눈가에 얼었던 그 시간을 녹여 봄을 함께 안았을 텐데 말이에요.

남겨진 별

흩날리던 벚꽃이 수놓아준 아련한 자수는 여전히 한구석 두 사람의 모습으로 새겨져 있네요. 햇살이 잠든 어둠에 우릴 향해 떨어지던 수많은 이별은 그날 밤의 기억은 잊은 채 지난날의 추억으로 홀로 반짝이니 말이에요.

새벽이슬

새벽이슬을 걷어내는 이른 하루야.

서투른 투정조차 아직 차가운 입김으로 감싸는 그대야. 행복한 삶에 너라는 연을 더해 힘내는 하루야.

무심코 안았던 시간도, 무심히 보냈던 순간도, 창가에 김 서린 기억을 끄적이는 지금도 추억으로 떠오른 하루야. 이 하루의 끝에 여전히 서 있는 우리가 함께 있음이 이 겨울이 포근한 이유야.

그렇게 말없이 기댄 그대가 아름다운 이유야.

이별

여러 번 물었고 또다시 사랑을 묻었다.

관계 정리

⬢ 당신의 품에 안겼던 나를 생각해봐.

⬡ 내 생각에 잠겼던 그날의 당신처럼.

항상 그 자리에 있는 건 없다

익숙한 "안녕!"이란 인사가 불현듯 "안녕~"이란 낯선 헤어짐의 인사가 될 줄이야. 편안함을 느낄 때 그 편안함을 더 소중히 생각해야 하는 것 같아.

편안함이란 건 쉽게 잃을 수도 있어.
항상 그 자리에 있는 건 없는 것 같아.

슬픈 사실

수백 번 물어도 답이 없었다.
굳게 다문 나의 떠난 사람이었다.

수천 번 두드려도 말이 없었다.
이미 떠난 나의 사랑이었다.

그렇게 우리 이별의 수만 가지 이유 중
가장 슬픈 것은 이젠 나를 마주해도 아무렇지 않던
너의 마음이었다.

후회

기대들이 기대는 그대의 마음을

있는 그대로 기다리지 못했다.

그리움

힘찬 파도가 순간의 사랑으로 스쳐갔다면
남겨진 건 모래 같은 그리움뿐이네.

환절기

내 곁에 너는 여전한 봄인데 네 곁에 나는 한겨울인가 봐.

차갑게 얼어버린 너의 마음이 아픈 게 꼭 환절기인가 싶었어.
이제 조금 지나면 괜찮아지려나.
너라는 계절에 내가 다시 물들 수 있을까.

먹먹해지는 밤

수많은 언어들이 뒤섞여서 너에 대한 아름답던 단어들을 상처가 돋아난 문장들로 마음 구석구석 짙게 물들게 해.

아픔에 성장한 내가 될까, 슬픔에 잠든 내가 될까.
네가 남긴 빈자리는 오늘 밤도 뒤엉킨 마음으로 가득하다. 그렇게 가득한 건 결국 네 곁에 남으려던 나인가 싶어서 마음이 먹먹해지는 밤이야.

부재중

멈춰버린 마음이 시린 날이 있어.

오늘날 너의 모습에 추억이 흩날려서 아픈 건 아니야. 다만 가끔 남겨진 익숙한 번호와 부재중 전화가 여전한 그 시절로 연결되어 상처가 아물 때쯤 마음에 또다시 부재중을 남기더라.

종착역

● 다시 잡지 않을 그 손을 왜 그렇게 따뜻하게 잡아줬는지,

○ 아주 놓아버릴 그 품에 왜 그렇게 가까이 기대었는지.

이 모든 게 사랑이라면 지친 그댈 이제야 놓아본다.

바쁜 건

사랑만 하기에도 부족한 시간에 여전히 이별을 생각하기에 바쁜 너야.

오늘 밤 너의 이별 통보에도 나에게 이 밤은 너란 사람만 생각하기에도 부족해서 여전히 네 생각으로 바쁘다.

아리송한 마음

손끝에 묻어난 감정은 애잔함을 더해 마음을 유난히 뭉클거리게 한다.

돌아보면 아무것도 아닌 순간이 그땐 왜 그리도 힘겨웠을까. 그렇게 그댈 떠나 아무렇지 않은 척 또다시 이곳에 섰다. 추억이란 마음의 물듦이 쉽게 지워지리라 생각지 않았기에 혹여 불어오는 바람이 그대 아닐까 아리송한 마음만 고개를 저어본다.

정답이 있을까

농익은 감정들이 언제 터질지는 몰라도 그대란 존재의 달달함은 틀림없다.

이 마음이 감정의 중력을 이겨내지 못하고 풍덩 떨어진다 하더라도 작은 파장으로나마 그대 곁에 있음을 전하려 한다.
오랜 시간 흘러온 강물이 푸른 바다가 되듯이 넓은 마음으로 항상 그 자리에서 그댈 기다려본다.

카피

그대가 준 사랑은 내 삶 속 찰나의 순간에도 기억되는 한 줄의 카피가 되었다. 쓰이는 사랑도 읽는 마음도 오랫동안 남겨져 있다.

처방전

물 한 잔에 쓰디쓴 이별을 삼키고
그리움이란 주사를 맞았다.

목이 메어서 네 이름 불러봐도
대답 없이 떠나가는구나.
그대 남겨준 처방전처럼.

술 한 잔에 쓰라린 아픔을 마시고
미안함이란 마음만 뱉었다.

슬픔에 잠겨서 네 이름 불러봐도
떠나버리는구나.
그대 남겨준 처방전처럼.

이것이 그대가 건네준 처방전이구나.

기억

⬢ 기억하나요. 그 모든 게 결국 그대예요.

⬡ 추억하나요. 그 모든 게 결국 우리네요.
그날 흩어진 마음의 조각을 찾아야겠어요.

완성되었던 우리의 마음을.

5장

더딤과 디딤의 온도

더딤의 닿는 점과 디딤의 끊는점은 어느 순간 나타난다.

알다가도 모를 그것은 결국 걷는 그대 곁에 함께하는 그림자의 온기와 같다.

저 별

밤하늘이 물들던 그날 그렇게 내 곁에 서서 한없이 반짝이던 그대가 어둠이 되어 몰려와.

우리를 떠나 빛을 잃어버린 시간을 보낸 건 아닌지, 그대가 바라던 나의 모습을 지나친 건 아닌지, 지난날을 방황하며 여전히 맴도는 건 아닌지. 공허함이 차오르는 새벽이면 몰아치는 마음들로 떨어진 그 별을 어둠으로 물들은 너와 나의 곁에 달아봐. 다시금 반짝이진 않을까 구멍 난 마음에 저 별을 붙여봐.

이별이 유일했던 날,
유난히 밝던 이 별을 말이야.

무제

말이 없던 그대가 걸어온 발자국을 손길로 쓰다듬으며 흐르던 땀방울을 식히던 그 먼 자리를 다시금 매만져본다.

공기 중 공허감을 잡으려 애쓴 것이 의미 없던 것일까. 한 움큼 잡았던 그것을 홀연히 놓아주어도 본다. 이상적인 현실에 감성적인 하루를 더해도 보고 감정적인 하루에 조금 다른 이상을 나누어도 본다.

가끔 주제 없는 하루를 즐긴다.

괜히 쓰는 힘은 도리어 응어리진 마음을 아프게 하는 것 같아서 마음을 풀어주는 그 말 없는 공기를 잡아보려 한다.

꽃잎이 휘날린다

아름답게 피어난 꽃은 어떠한 보상도 원하지 않는다.

그저 푸른 하늘에 떨어지는 꽃잎으로 아름다움을
더할 뿐이다.
그렇게 불어온 바람을 안은 채 춤사위로 행복을
전하려 피어난다.

그곳은

그곳은 어딜까, 그것은 무엇일까.

봄 내음에 살랑이는 낯선 설렘이 싫지 않은 시간이야. 지금 바라본 내가 바라던 나일까. 시선을 신경 쓰는 사람이 아닌 응원 받는 사람이 되려나. 꽃 내음이 밀려오는 요즘, 잘 걷는 사람보단 그곳을 안아주는 사람이 되려 해. 가끔 무뎌짐도 짙어지는 행복도 결국 나이기에 그 모든 과정의 순간을 즐기는 내가 되려 해. 나를 사랑하는 시간이 이토록 행복한 봄이야.

피어나는 꽃들로 아름다운 그곳을 우리가 걷겠지.

보폭

● 오늘의 더딘 걸음이 내일 딛는 걸음이 될 거야.

○ 계절의 화폭을 빛나게 하기에
그댄 충분히 아름다운 보폭을 가졌다.

양보

⬢ 모두 서툰 거예요. 그러니 마음과 다투지 마세요.

⬡ 양보는 이럴 때 해야 해요. 마음도 숨을 쉬어야 하니까.

청춘 일기

삶의 호흡은 상당히 긴 시간의 기록을 남긴다.

청춘의 문장들은 인생의 순간들을 남기고 낭만이란 달콤한 그늘을 만들며 아픔이란 거친 숨결을 뱉기도 한다. 그렇게 청춘의 계절이 물들고 나라는 풍경이 세상에 묻어난다.

변함없기

함께 있음에도 너에 대한 아련함이 밀려와.

현재의 행복이 아쉬운 게 아니라 내가 조금 더 네게 기대 쉴 수 있는 사람이 될 수 있을까 해서. 혹여 너에 대한 익숙함으로 나의 모습이 변하지는 않을까 생각이 들어서 처음 널 마주했던 때를 종종 생각해. 네 곁에 함께하는 내가 변함없기를 바라.

나란히

모든 순간의 아픔을 핑계로 놓아버리려 하는 순간, 토닥이며 잡아준 그대야.

그렇게 뒤섞이던 물감이 그대가 펼쳐준 새하얀 마음에 천천히 내일을 그려가. 우리 꿈은 완성되지 않았지만 마음 속 그려지는 그 모습이 매일 밤 아름답다.

그렇게 그려진 마음을 조심스럽지만 새로운 순간으로 채워가.

말 한마디

아픔을 삭여 굳게 다문 마음인데
스친 그대 뒷모습에 무너진 걸음이네.
더는 할 말이 없다던 그대처럼
이별 앞에 그날의 내 자존심도
오늘은 유난히 말이 없다.

순간들은

순간들을 그려보고 시간들을 채워보고 걸어온
길을 돌아보면 생각보다 그댄 행복한 사람이야.
기로에 선 고민의 순간조차 마음의 작은 여유니까.

걸음걸이

오늘 눈앞의 사랑이
흐릿한 순간으로 다가온다면
어제 선명하게 빛나던
두 미소를 생각해줘.

우산

정신없이 흩날린 그간의 마음을 씻어주는 오후야.

괜한 투정도 씻어내려는지 시원하게 내린다.

그댄 행복만 쓰고 가, 아픔은 접어둔 채.

건조한 날씨

선명한 건 초조한 오늘의 나라서 또다시 마음만
흐릿해지는 밤이다.

내일의 내 모습을 그려보면 유달리 간절함이 아쉽다.
이 새벽은 유난히 나에게만 건조한 듯하다.
유일하게 촉촉한 건 눈가에 흐르는 아쉬움인가 싶어
뒤척이는 마음이다.

종종.

들꽃

움켜쥔 삶이 그리워서 쉽게 놓지 못하는 꿈인가 봐.

너무 가까이 해버려 잘못된 걸 알면서 또다시 행하는 내 모습이 가끔 너무 초라해.
들꽃이 아름다운 건 때 묻지 않아서인데 왜 이렇게도 열정이 때 묻어가는지.
알면서 그 길을 걸어. 그래도 조금 더 걸었다며 작은 위로를 해.
작은 골방을 밝혔던 창살 너머 햇살에
위로와 안부를 전하며 말이야.

뒤엉킨 것들의 속삭임

노곤함에 뒤척이며 잠이 드는 밤이면 뒤엉킨 것들의 속삭임이 시작된다. 늘어놓은 투정들에 시기와 질투를 반찬 삼아 부족함을 먹는다.

우린 수많은 뒤엉킴 속에 살아간다. 길가에서 흔히 마주치는 전봇대의 전선들처럼 나아가지만 그 목적지가 어디인지 아무도 모른다.

수많은 눈물을 적시며 거리를 걷고 흔하지 않은 멜로디와 흔하지 않은 순간을 때론 당연히 받아들이는 뻔뻔한 도심 속 내 모습에 움찔 놀라기도 하지만 그렇게 뒤엉킨 것들의 속삭임에 오늘을 보내고 내일을 기다린다. 그렇게 오늘 밤 저 하늘에 떠오른 생각은 어제의 뒤엉킴을 풀어놓으며 어두운 이 밤에 한 땀 한 땀 자수를 놓는다.

빛나고 아름답던 그 생각만이 내 친구가 되며 속삭임으로 나를 안는다.

채색

그대와 그렸던 그림에는 더 이상 우리가 담겨 있지 않았다.

그저 내 옆에서 웃고 있던 당신의 모습만 담긴 듯했다. 지워지는 내 표정을 알지 못했고, 당신은 우리 사랑의 겉모습만 꾸미기에 여념이 없었다. 난 당신이 좋았지만 우리가 더 좋았다. 함께 있음에 빛나는 그림이었다.

액자 안 우린 더 이상 색을 담지 못하고 틀에 갇혔다.

격려

어제의 그대를 다독여.
내일의 우리를 그리며
오늘의 당신을 응원해.

손길

⬢ 그대의 사소한 손짓이

⬡ 누군가에겐 간절한 숨결이 되기도 해요.

작은 기부는 큰 기도로 다가오니까.

서울살이

뒤숭숭한 마음에 구멍이 나서 채워도 한없이 배고픈
생각과 텅 비어버린 주머니가 밉다.

마음 언저리

무너진 그날은 오늘이 되어 불현듯 기억에 머문다. 지난 날의 여백만큼이나 이별의 핑계는 아픔을 돋아나게 해. 돋아난 아픔은 또 다른 핑계로 널 찾게 해, 그렇게.

사람은 떠나도 사랑은 마음 언저리에서 돌고 돌아.
매정한 사람과 다르게 말이야.

밤이슬

어둠이 짙게 깔리면 나는 바쁘게 움직인다.

달빛에 남겨진 생각을 정리하며 별빛에 떠오른
마음을 적는다.
어떠한 형식도 필요하지 않았다. 밤이슬이 전하는
느낌을 담는다.
그렇게 얼마나 담고 적어야 내일의 내가 환히 웃을까.
적당한 새벽 공기의 찬바람이 때론 적절한 마음의
온도를 남긴다.

오늘의 흔적과 내일의 기록을.

봄꽃

● 벚꽃이 휘날리는 봄이 오면

○ 달달한 품속 솜사탕 같은 포근한 마음만 피어나길 바라.

아름다운 건

꾸밈없는 당신의 마음은 당신의 내면까지 진정한
아름다움으로 꾸며준다.

가장 슬플 때

수많은 연인들이 가장 슬플 때가 언제인지 알아?

"마음에 없는 한마디로 거리를 두고 걸을 때야. 괜한 투정인 걸 알면서 모른 척하고 말이야."

디딤

⬢ 서두름은 서투름을 동반한대. 조금 느리면 어때.

⬡ 그 행복도 오래갈 텐데.

날씨

⬢
⬡

날마다 날씨가 다르듯이 마음에 비가 다녀갈 때에도 슬퍼하지 말았으면 좋겠어. 다음 날 푸른 하늘에 떠오를 무지개를 보여주기 위해서일 거야.

별

● 별 볼 일 없지 않아. 저 빛들이 그대란 핑계로
○ 긴 밤을 지키니.

달

⬢ 달님에게 소원을 빌었다. 내일은 더 행복하게 해주세요.

⬡ 달님이 답했다. 오늘보다 행복한 내일은 없어.

해

⬢ 아침이 온다. 어둠은 벗겨지고 세상은 물들어간다.

⬡ 오늘은 무얼 해볼까.

밤

⬢ 생각을 정리하는 순간과 생각을 설계하는 시간이 지난다.

⬡

이 밤이 지나면 또 다른 밤이 온다. 밤은 나와 닮아간다.
아무 말도 없으며 물으려 하지도 답하려 하지도 않는다.
매일의 끝에서 오늘의 시작을 남겨놓은 채 싸운다.

첫 물음

처음으로 세상의 빛을 눈가에 적신 아이는 작은 목청을 울리며 첫 물음을 건넨다. 그렇게 삶과 공간과 시간, 감정의 여러 요소들에 관해 물음을 던지는 삶은 시작된다.

기로에서 누구도 결코 옳다는 간결하고 단호한 답장을 보내지 아니하며 질문에 질문을 더하다 보니 여전히 수많은 궁금증 속에 살아간다.

계절의 잔향이 가시기도 전 우린 또 다른 질문을 하고 있으니 말이다.
물음은 계속되는 뫼비우스의 띠처럼 멈추지 않아 답문장은 완성되지 않더라.

오늘의 햇살이 내일의 햇살과 다르듯 우린 매일 다른 물음의 답을 찾곤 한다.

아침

⬢ 똑같은 시간마다 목놓아 운다.

⬡

슬퍼서도 아파서도 아니다.
어젯밤 남겨놓은 오늘을 천천히 펼치는 것이다.

새벽

미묘한 숨결과 아찔한 손짓을 느낀다.

매번 알면서도 자주 말한다.

그 시간이 왔다.

새벽이 매일 밤 한 움큼 건넨 건 무얼까.

노을

⬢ 붉게 물든 그날의 감정인가,

⬡ 수줍은 마음이 타들어가나 봐.

나이

- 내가 가진 것 중 가장 값지고 소중하며 예쁜 것.
- 나란 사람의 시간, 나이.

노을도 잠든 밤

어둠에 피어난 저 별이 꼭 우리를 닮은 것 같아서 행복이 피어난다. 찾아온 가을은 따뜻한 입김으로 감쌌고 어느새 가을이 지고 겨울이 피고 봄이 찾아오는 시간이야.

그대와 내가 이 길을 걷는 이유일까. 새하얀 눈 속에 피어난 눈꽃처럼 아름다움은 쉽게 녹는 걸까. 그 흔적도 없이 마음에 닿는 걸까. 우리가 함께 걸어야 할 이유는 이 정도면 충분할까. 삶의 한구석에 그대를 그대로 담아가니 나의 일부분이 되어버린 걸까.

그대와 나의 모습이 서로에게 물들어가는 건 아닐까. 매일 다른 감정이야.

또다시 노을이 잠드는 이 밤이 꼭 우리를 닮았나 보다.

바라보길

봄은 성큼 내 곁으로 다가오려는데
그대도 성큼 내 곁으로 다가오면 좋겠어요.
봄 햇살이 따스한 이 길 끝엔
그대가 서 있으면 좋겠어요.

365

● 365번의 감정이 다녀간 큰 달력을 한 장 넘겨본다.

○ 닿을 듯 닿을 수 없었던 오늘과 예고 없이 찾아올 내일에 참 많이 울기도 웃기도 했던 계절이었다.

꿈

⬢ 달콤한 그것은 어둠 속 나를 취하게 하였다.

⬡ 생각지 못한 그곳은 나를 환히 웃게 하였다.

한참을 취하고 웃고서야 돌아온 세상이었다.

온도

⬢ 당신과 나의 마음의 온도 차이는 얼마나 될까요?

⬡

사랑하는 이로부터 답을 받았어요.

사랑해요. 고마워요. 행복해요.

그리고 여전해요. 당신이 전하는 마음의 온도.

6장

인연과 연인의 순간

인연이 연인이 되는 찰나의 순간이 있다.
우린 수많은 관계의 실타래 속에서 연이란 살을 골라
내가 모르는 사이 그대와 나를 우리라는 이름으로 묶는다.

답

쌓아가는 건 그대와 나일까. 하늘에 닿는 순간이 온다면 그건 그대와 나일까.

나와 그대가 이토록 아름다운 풍경에 뒤섞여 매일 같은 하루를 보낼 수 있을까. 같이 마주 서서 바라보는 풍경 속 그대가 답인가. 그 답이 내일 다를지라도 오늘만큼은 완벽한 하루를 보낸다.

그렇게 쌓아가는 계절이 한 편의 영화가 되어 두 삶에 아름답게 상영되길 바란다.

선명하게

● 아직은 또렷하지 않은 우리지만 그림자만큼 닮아가는 우리예요.

조금은 불투명한 시간도 때로는 불안전한 공간도 걸어온 우리라서 조금씩 맞춰가는 어색한 걸음이 오늘 밤에는 제법 어울려 한 편의 영화 같아요.

선명한 우리의 모습이 언제쯤 그려질까 궁금해요.
또렷한 마음을 칠해가고 있어요. 지금 이 시간, 마음의 기도로 조금 더 선명한 그대의 곁이 되려 합니다.

풍경

쏟아지는 햇살이 꼭 그대 미소를 닮았어요.

유난히 눈부신 오늘의 날씨처럼 말이에요.
그저 말없이 곁에 있다는 게 나를 가득 채워요.
그대와 걷는 시간이 유독 나를 위한 시간이라 생각돼요.
우리의 거리가 이해와 존중의 마음속에 피어나는 행복으로 가까워지네요.
고마워요.
작은 미소가 나에게 큰 파장이 되어 몰아치는 파도조차 다독이게 해줘서.

이유

● 내가 아픈 건 네가 몰랐으면 좋겠어.

○ 괜한 걱정조차 널 힘들게 할 것 같아서. 그런데 네가 아픈 건 왜 이리도 신경이 쓰이는지. 불안함에 하루의 걸음이 무겁게 느껴진다. 이토록 서로에게 신경 쓰는 게 연인인 건가 생각이 들어. 최고의 선물이라면 네 아픔을 안고 같이 꿈을 꾸는 이 시간일 거야.

어둡던 밤에 은은히 빛나던 두 개의 별을 닮은 너와 내가 사랑하는 이유일 거야.

하루

잔잔한 너에게 밀려온 나란 사람이 어떤 향기로 너에게 스며들까 생각해보는 하루야. 오늘의 미소가 내일의 아픔이 되지는 않을까.

고민은 또 다른 고민은 불러와 때론 고개 숙이는 내가 되는 건 아닐까 생각이 들어. 그렇게 밀려온 파도는 아름답게 그 마음에 몰아칠까 많은 생각이 드는 하루야. 푸른 하늘도 널 닮은 이 밤도 한없이 아름다운 풍경이 괜히 걱정돼 잘하려 애쓰는 내가 부담스럽지 않을까, 부족하진 않을까, 시간이 해결해주길 기도하는 하루야. 이런 저런 생각도 결국 너라는 기준점에서 시작하니 말이야.

그렇게 모든 하루의 기록이 오늘의 우리처럼 이렇게 푸르면 좋겠다.

달다

코끝에 찾아온 낯선 봄의 향기도
그댈 향해 걷던 그 길목의 익숙함도
아쉬움에 놓지 못한 발걸음도.
끌어 안아본 수많은 것들은
온전히 너와 나로 물들어 풍경을 적셨다.

영화처럼

평범한 일상에 적어 넣은 그대는
나라는 문장을 만들고
그 문장은 우리라는 이야기를 만들어요.

틈

⬢ 그를 바라볼 때면 나는 바보가 된다.

⬡

하루의 틈에 누군가 내 곁, 그 사람 틈에 스밀까 가끔 밀려오는 생각에도 노심초사했던 시간이 괜스레 수줍게 느껴진다.
시원함은 갈증을 가시게 하고 달콤함은 어제의 고됨을 잊게 만들기에 충분한 것 같아서 오늘도 함께하자 두 손을 잡아본다.

봄날의 아지랑이도 손짓에 기지개를 편다.

사랑의 정석

● 나를 더했다.
○ 너를 곱했다.
나눈 마음에서
아픔만 뺐다.

함께한다는 건

일상의 의무감에 지쳐 내 곁에 잠든 그대를
말없이 토닥인다. 기댈 수 있는 마음이 될 수 있음에
오늘도 목마른 그대 입가에 웃음을 전해본다.

좋아요

그대를 기록하는 나도
나를 읽어가는 그대도
너무 좋아요.

닿기에

● 격한 부정은 때론 강한 끌림이 된다.

○ 사랑은 아니라 할 때 가장 닿기도 한다.
신경이 쓰이는 순간 그건 긍정일지도.

만남

● 보고 싶단 단어를 삼키지 못해서 나도 모르게 뱉어요.

○ 수줍은 시선은 마음의 홍조를 두 볼에 살포시 내려요.
수화기 너머 그대 목소리가 전하는 미세한 떨림에
묻어난 입가의 미소는 이미 아침이에요.

도착

당신이 무심코 남긴 두근거림은 나에게 수줍은 오해를 전해요.

그 손짓에 걸음은 오늘도 익숙한 듯 갈 길을 잃었어요.
행복한 떨림이 그대 마음의 틈을 비집고 들어가 말해요.
혹시 우리 사이에서 길을 잃었다면 나만 보며 걸어오라고.

당신과 나

서로 다른 인생의 방향과 다른 사고에도
존중과 배려로 함께할 수 있음이
사랑인가 봐.

체온

사랑의 온도를 배워간다.

차가움에 놓기도 하고 뜨거움에 안기도 하며 그렇게 한참을 돌고 돌아 우리 처음 그때를 생각해본다. 사소한 것에 웃고 소박한 것에 울고 작은 미소에 든든함을 얻었던. 마음의 잦은 독백은 서로에게 기대는 적당한 온도로 사랑을 더해간다.

여운

● 밤하늘에 피어난 꽃을 잠든 당신의 머리 곁에 놓아둘게요.

○ 꽃을 닮은 당신이 아침 이슬에 눈 비비며 일어날 때면
새벽이슬에 남겼던 내 마음을 꼭 발견했음 해.

보이지 않던 우리 사랑의 여운조차 느꼈으면 하니까.

잊는 법과 잃는 법

미안해하지 마. 좋은 건 좋은 거야. 때론 질질 끄는 마음이 더 크게 상처를 덧나게 하거든. 그러니 사랑에 있어 마음이 떠났다면 돌아보지 말고 걸었으면 좋겠어. 되돌아가는 길은 마음이 아무는 시간조차 빼앗아 더 큰 아픔을 남겨. 너는 순간의 감정에 또다시 왔던 길로 돌아가면 되지만 나는 순간의 감정에 속아 그 자리에 남아서 또다시 너를 잊는 법을 잃어버릴 테니까.

좋은지

● 무언가에 홀린 듯 한없이 걸었다.

○ 한참을 당신이란 품에 멈추려 했다.

작은 손짓이면 충분한 감정이었다.

순간

당신과 닿은 순간은 이렇게 표현하고 싶어요.

밤하늘 별빛처럼 반짝이며 피어나는 산골 오두막의 굴뚝 연기와 같아요. 벚꽃 필 무렵 흩날리는 봄의 향기와 닮은 그대는 방금 찍어낸 한 장의 사진과 같아요. 아름다운 눈길로 바라보며 아름답게 수놓아진 눈길을 함께 걷는 당신과의 발맞춤은 꼭 수줍게 입 맞췄던 그날만큼 설레요. 순간에 담긴 그대를 평생이란 단어로 빚으면 혹시 담겨질까요. 나눠보아도 여전히 흘러넘치는 당신이 이 순간 사랑스럽고 사랑스러워요.

기댄다는 건

⬢ 노랫말이 이미 너로 가득하다.

⬡

하루의 걸음에 너를 더해가 매번 홀로 하던 일상이 너와 함께하니 사소한 하루에도 가치가 더해져. 두 눈이 웅얼거리는 멜로디에 우리라는 가사를 더해. 그렇게 조금 더 웃는 너와 내가 되어 이렇게 조금 더 행복한 우리가 되자. 서로에게 기댄다는 건 이렇게 이렇게 행복한 거야.

피노키오

담백함의 깊이가 얼마나 될까. 가끔 피노키오같이 마음은 좋음을 숨기곤 한다.

진심이 전해지기까지의 걸음을 조금 늦춘다. 피노키오의 코가 길어지는 게 꼭 솔직하지 못해서가 아니란 생각이 들었다. 조금 더 나보다 그대의 취향에 맞추고 싶은, 연인에게 전하는 마음의 깊이는 아닐까.

그렇게 우린 가끔 피노키오가 되어 그대 시선을 맞춘다.

상상

우연한 시간은 달콤한 매력으로 봄 향기를 뿜으며 술에 취한 건지 그대 향기에 취한 건지 모를 아찔함을 안겨줘 잠 못 드는 밤을 선물했다.

뒷모습

함께 걷던 그 길 위에 서 있는 난데, 부쩍 미소 잃은 그대 뒷모습이 그려지곤 해. 아무리 진하게 화장을 해봐도 슬픔에 잠겨 있는 네 두 눈이 보여.
함께 걷던 그 길 위에 서 있는 난데, 부쩍 말이 없던 그대 뒷모습이 그려지곤 해. 아무리 반갑게 인사를 해봐도 홀로 울먹이는 네 모습이 보여.

그 길 위의 뒷모습이 그려지곤 해서 네 모습이 그립기도 해.

연

⬢ 인연의 걸음은 그 시작점이 다르지만

⬡ 연인의 만남은 그 출발점이 같더라.

설명

● 좋아하는 데 설명이 필요할까.

○

마음은 적절한 설명과 진지한 사랑을 필요로 해. 이해와 배려 속에 사람이 가까워지고 오해와 무관심에 사랑은 멀어져. 사소하고 소박한 것들은 사람과 사랑에 충분한 감성을 더해가거든. 기억을 휘날리고 한구석 추억이 피어나니까. 그렇게 오늘 당신 곁 그 사람과 함께한다면 마음의 온도를 전해줘. 말 한마디에 얼었던 순간도 안기는 시간이 될 테니. 이러한 설명들처럼 마음의 온도는 천천히 따뜻해지니까. 좋아하는 건 충분한 설명이 필요해.

수면 위로

● 수면 위로 흩어진 마음을 살포시 잡아서 당신에게 전해요.

○ 오해와 다툼 속에 연이라 불렸던 우리의 관계를 돌아보지만 행복과 슬픔 속에 연이라 남겼던 우리의 경계가 무너져요.
그렇게 수면 위 아슬아슬한 두 사람이 손에 닿을까.
미세한 사랑의 언어로 당신을 붙잡아 보아요.

사랑해요.

봄날

● 봄 향기에 취했다 생각했어.

○ 그대 미소를 만나기 전까지는.

입맞춤

윗입술과 아랫입술의 아찔한 경계 속에 흐르는 적막은 우리의 관계를 조금 더 아찔하게 당겼다. 그 순간은 그저 지그시 눈을 감고 그대 마음과 닿아 보았다.

배워가는 밤

예전에는 이해가 안 가던 말이었는데,
보고 있어도 보고 싶다는 감정을
조금씩 배워가는 밤이다.

당신에게서.

머문 당신

참 가까운 당신인데 항상 곁에 있는 그대인데, 누구의 잘못도 아닌 사회적 관계가 가끔 우리 사이를 너무도 멀게 만들어요.
누군가 물을 때 답하지 못하지만 우린 이리도 함께 웃고 우린 그리도 서로에게 기대어요. 굳이 수식어가 필요한 사이는 아니지만 우리 관계의 표면적 수식어가 지금도 가끔 당신을 머문 사람으로 만들어요.

놓는다는 게

흐릿하게 들리는 너의 목소리에
설렘은 흐느낌이 되어 내 맘에 흐른다.
걸어온 시간이 괜한 투정을 부리는 건지
어제와 같은 오늘인데 비로소 네가 떠났나 하는
생각이 든다.

꽃밭

살아가는 모든 순간이 꽃과 같다면
너의 인생은 이미 꽃밭과 같다.

마음과 가장 가까운 거리에 서서

아무것도 할 수 없었다. 나이기에 너이기에 우린 바라만 볼 뿐 아무것도 할 수 없었다.

사랑은 결국 묻더라, 이유가 아닌 마음을. 가장 사랑받고 떠난 이를 가장 사랑할 때 보낸 이는 기다림과 고독으로 또 한 번 사랑을 한다. 떠났던 이가 보냈던 이에게 돌아올 때쯤 떠날 수밖에 없었던 이도, 보낼 수밖에 없었던 이도 암묵적 침묵 속에 마음을 전한다.
마주한 사랑이 묻던 마음에 답하는 시간을 준다면 그녀의 품을 안아주고 싶다. 결국 남는 건 한 장의 사진도, 어떠한 기록도 아닌 가장 가까운 거리에서의 마음이라고 말없이 사랑에게 답하고 싶다.

마음과 가장 가까운 거리에 서서.

때론, 익숙함이 아니길 바라

때론, 오래된 연인의 익숙함이 아니길 바라.

가끔 내 곁에 그대가 조금은 다른 향기로 다가오길 바라. 반복되는 우리가 때론 더 사랑스럽게 더 포근하게 서로 안아주길 바라서, 사랑하지만 더 사랑할 수 있을까 해서, 가끔은 익숙함이 아니길 바라.

시작

봄 이슬이 내린 그 공간에 서 있을게요.
마음이 바라는 대로 그 시간 잠시 설레요.
설렘이 끝나는 순간에 다시 시작할래요.

지금 그댄 내 마음 어딘가 걷고 있을 테니.

곁

한참을 그대의 곁에 서 있던 나였다.

피어나는 햇살만큼 뜨거운 심장을 가진 나였다. 조금씩 흔들던 바람은 휘몰아치는 감정의 소모로 그대와 나를 같은 시간, 다른 공간을 걷게 하였다. 그리움이 떠다니던 어느 날, 그대가 바람 타고 기억의 시간을 건네 왔다.

하지만 가슴이 아팠다. 기억의 시간만 그려질 뿐 흐릿한 생각의 시야 속에 그대는 서 있지 않았다. 아무리 그려보려 애써도 지워진 그대의 모습이 그려지지 않았다. 홀로 서 있는 내 모습만이 유난히 흐린 날씨의 표정으로 나를 지켜보았다. 그대의 곁에서 그대를 지켜주겠다던 말이 생각난다.

어느 순간 도달해버린 시간에 유독 그대가 내게 기대는 모습이 그려진다.
무엇이 그리도 좋은지 세상에서 가장 달콤한 사과를 베어 문 그 입술은 차오른 사랑을 전하느라 메마를 시간이 없었다. 곁이라는 단어를 참 좋아하지만 곁이라는 건 절

정이기도 하고 엔딩크레딧이기도 해서 쉼 없이 생각의 공간에 떠오르는 흐릿한 잔상만을 스치게 한다.

지금 이 순간, 그대의 기억 속 내가 살지 않는 것처럼.

두번째 마음의 기록물

세상에는 예고 없이 삶에 한 움큼 더해지는 것들로 가득합니다.

감정에 관한 수많은 경계들로 오늘을 부딪치며 내일을 품에 안고, 사람과 사랑의 관계에 있어 익숙함과 낯섦을 알게 되고, 연이란 단어의 다양한 표현법과 이별법을 알아갑니다. 또한 사람에게서 사랑을 배우고, 사랑을 통해 사람을 배워갑니다.

인생은 예고 없는 순간들로 가득하지만 돋아나고 꽃 피는 나를 볼 때면 눈가에 흐르는 그 무엇도 쉽게 여길 수 없는 과정이 됩니다.

그렇게 우린 끊임없이 기록을 하며 그 기록 속에서 또 다른 기억을 채워갑니다. 채워가는 기록들의 중심에 그대가 서 있기를 바라며 당신과 나의 마음속 안녕을 전합니다.

이렇게 민감성의 두 번째 마음의 기록물을 마칩니다.

요약

1. 혜택은 판매를 이끈다. 하지만 혜택에만 의존하면 원하는 반응을 얻지 못한다.
2. 메시지에 손실 회피 심리를 주입하는 것은 강력한 동기부여 요소가 될 수 있다.
3. 사람들은 혜택의 즐거움을 얻는 것보다 손실의 고통을 피하려는 마음이 두 배 더 강하다.
4. 당신의 제품이나 서비스로 어떤 고통을 피할 수 있는지, 혹은 구매하지 않으면 어떤 어려움을 겪을 수 있는지 보여주자.
5. 두려움은 인간의 타고난 감정이다. 손실 회피 개념에 익숙한 이들도 무언가를 잃는 것에 두려움을 느끼며 반응하고 만다.
6. 제한된 수량과 기회, 날짜와 마감 기한, 선택권, "놓치지 마세요"와 "무료" 같은 문구는 손실 회피를 사용하는 효과적인 방법이다.
7. 부정적인 방식으로 표현하거나 손실 프레임을 사용하는 것이 긍정적인 프레임보다 더 강력할 수 있다.
8. 손실 회피 전략은 대상을 존중하며 진실하게 사용해야 한다. 마케팅 메시지 전반에 걸쳐 일관되게 끌고 나가자. 낚시성 용도로 사용하지 마라.
9. 사람들은 아직 소유하지 않은 것보다 이미 자신이 소유한 것에 더 가치를 둔다. 이것이 소유효과다.
10. 소유효과는 손실 회피와 관련이 있다. 사람들은 무언가를 포기하거나 잃어야 할 때, 그것을 얻기 위해 지불한 비용보다 훨씬 많은 금액을 원한다.
11. 사람들이 당신의 제품이나 서비스를 소유한 모습을 상상하도록 하는 것, 공동 제작자가 될 수 있는 기회를 주는 것, 체험권이나 품질 보증을 제공하는 것, 현재 소유한 혜택을 잃을 수 있다고 알리며 소유권을 자극하는 것 모두 마케팅에서 소유효과를 활용하는 방법이다.

03 희소성

#Urgency #Exclusivity #Scarcity principle

사람들은 가질 수 없는 것을 원한다

행동과학자들에 따르면 희소성은 구매 욕구를 높인다. 한정된 시간과 수량, 기회, 제한된 정보 접근은 모두 고객과 잠재 고객을 움직이게 만든다. 자신이 어떤 위치에 있거나 그룹에 속해 있다는 이유만으로 아무나 가질 수 없는 것을 얻었다는 기분도 원동력으로 작용한다.

당신은 가질 수 없는 것을 원한다. 나도 그렇고, 대부분의 사람도 마찬가지다. 우리 주변을 둘러봐도 이런 사례들이 가득하다. 종교가 있다면, 성경에 나오는 이브와 사과 이야기가 떠오를 것이다. 이브는 에덴동산에서 사과만 빼고 모든 것을 가질 수 있었다. 그런데도 이브는 무엇을 원했나? 마크 트웨인Mark Twain의 《톰 소여의 모험》에서도 아무나 할 수 있는 일이 아니었기에 톰은 친구들에게 페인트칠을 시킬 수 있었다.

당신의 친구 중에는 고등학교 시절 튕기는 전략으로 이상형과 데이트에 성공한 이도 있을 것이다. 혹은 내 친구 마이클과 비슷한 사례도 있을 수 있다. 마이클은 뮤지컬 〈캐리Carrie〉의 공연 책자를 자랑스럽게 가리키며 단 5회 공연 후 브로드웨이에서 사라진 이 악명 높은 공연을 직접 봤다고 자랑했다.

하지만 마케팅에서는 흔히 사람들이 제품을 구매하는 이유를 딱 두 가지로 생각한다. 실제적으로 제품이나 서비스가 필요할 때와 정말 그 제품이나 서비스를 원할 때로 말이다. 필요한 것이라면 사람들은 자신이 직접 만들거나 그럴 수 없다면 다른 이가 만드는 것을 구하는 게 더 편하고, 빠르고, 싸다고 결론을 내릴 수 있다.

필요한 것이 아니라면? 진짜 필요한지와 관계없이 단순히 그 제품을 갖길 원할 것이다. 소유하면 기분이 좋아지거나, 삶이 더 편하고 즐거워지기 때문이다.

결과적으로 마케터들은 제품의 필요성을 부각하거나 제품을 향한 욕망을 자극하는 데 많은 시간과 노력을 투자한다. 이 제품이 잠재 고객이 겪는 문제를 해결하고 그들이 찾는 이상적인 해답이라고 마케팅한다. 혹은 감정적인 측면에 초점을 맞춰 제품을 소유하거나 서비스를 경험하면 어떤 기분일지 보여준다. 또는 약간의 손실 회피 심리(2장 참고)를 적용해 갖지 못하면 얼마나 속상할지 상상하게 한다.

하지만 이 외에도 제품과 서비스를 어필하는 다른 전략을 사용할 수 있다. 바로 쉽게 가질 수 없는 것을 원하는 심리를 이용한 전략이다.

이런 시나리오를 상상해보자. 당신은 쉽게 구할 수 있는 어떤 제품을 판매한다. 원하는 사람은 사고, 원하지 않는 사람은 사지 않을 것이다. 그런데 이때 새로운 정보가 들어온다. 별 관심이 없던 사람들에게 그 제품이 일정 기간만 판매한다는 이야기가 들린다. 또는 특정 사람만 제품을 구매할 수 있다고 한다. 갑자기 모든 게 달라진다. 마음속 스위치가 탁 켜진다. 이제 그들은 그 제품을 그냥 원하는 수준이 아니라 정말로, 간절히 원하게 된다.

이는 희소성 원칙의 두 가지 축이다. 제품의 수량이 제한적이거나 한정된 기간만 판매된다는 '시급성'과 전부가 아닌 특정인들만 구할 수 있다는 '독점성'이다.

사람들은 구하기 어렵고, 흔하지 않은 물건에 더 큰 가치를 둔다.

희소성은 강한 동기부여가 된다

《설득의 심리학》의 저자 로버트 치알디니Robert Cialdini는 사람들에게 영향을 미치는 여섯 가지 원칙 중 하나로 희소성을 꼽는다. 그는 "기회가 한정적이면 더 가치 있는 것처럼 느껴진다"라고 설명한다. 덧붙여 "기회가 줄어들수록 우리는 자유를 잃게 되며, 갖고 있던 자유가 없어지는 것에 상당한 거부감을 느낀다"라며 손실 회피 심리를 언급한다. 그리고 마지막으로 "어떤 제품이 희소해질수록 우리는 더 많이 원하고, 심지어 경쟁하는 상황에 놓이면 그 욕구가 더욱 간절해진다"라고 강조한다. 바로 이것이 시급성과 독점성이다.

희소성에 관한 장의 첫머리에서 치알디니는 마을의 모르몬교 사원 투어에 참여하게 된 개인적인 이야기를 들려준다. 그가 갑자기 사원을 구경하고 싶어진 이유는 평소에는 일반인에게 금지된 구역을 개방했다는 사실 때문이었다. 게다가 이 특별한 투어는 며칠만 제공될 예정이었다.

그의 이야기를 읽다가 비슷한 경험이 떠올랐다. 내가 자주 여름을 보내는 해변마을의 중심에는 프리메이슨+ 지부가 있다. 나는 항

\+ 형제애와 도덕, 진리 추구를 중심으로 활동하는 국제 비밀 결사 단체

상 그 옆을 지나갔지만 한 번도 들어가고 싶은 적도, 가능하다고 생각해본 적도 없었다. 그러던 어느 날, 그 앞에 이동식 표지판이 세워진 걸 보았다. 거기에는 원래 회원만 출입할 수 있지만, 특별한 기념일이라 그날 하루만 일반인에게 개방한다고 쓰여 있었다. 당장 들어가고 싶어졌다. 왜? 볼 수 없는 것을 볼 수 있는 유일한 기회라는 생각이 들었기 때문이다. 그리고 프리메이슨이 비밀 모임으로 알려진 만큼 그 욕망은 더 불타올랐다.

사람들은 한정된 제품과 경험을 원하며, 그것을 더 즐길 때가 많다. 버지니아 대학과 노스캐롤라이나 대학의 연구자들은 초콜릿 칩 쿠키를 이용한 고전적인 실험으로 이를 증명했다(Worchel et al, 1975). 실험은 두 유리병을 사용했다. 유리병 하나에는 초콜릿 칩 쿠키 두 개가, 다른 유리병에는 열 개가 들어 있었다.

피험자들은 두 유리병 중 한쪽의 쿠키를 평가했다. 연구자들은 그들에게 더 먹고 싶은 정도, 상품의 매력도, 생각하는 가격을 기준으로 유리병에 든 쿠키의 점수를 매기라고 했다.

그러자 유리병에 두 개만 들어 있는 쿠키가 더 높은 점수를 받았다. 두 유리병의 쿠키는 똑같은 것이었는데도 말이다! 또한 연구자들은 이전에 많아 보였던 쿠키가 부족해질 때, 피험자들은 이를 더 가치 있게 생각한다는 것을 발견했다.